どんとこい労働基準監督署 part4

知って得する刑法

河野順一

はしがき

はじめに

「正義！　それは何と魅力のある言葉であろうか。世に正義がおこなわれ、不正がひしがれることを、われわれはどんなに望んでいるであろうか」

これは、１９５４年盛夏、刑法学者であり一橋大学教授であった植松正氏が書かれた刑法教室、まえがきの冒頭部分だ。どうやら、半世紀以上たった現代においても、氏の説いた正義の本質は真理である。こちらは不変の真理である。おそらく、未来永劫、人類が存在する限り、この真理が覆されることはないだろう。

正義……その響きには、なんと心地よい魅力があるのか。世に正義が行われ、不正が糺されるとき、我々は胸のすく思いがする。正義は、洋の東西を問わず、親しみをもって迎えられる。

反対に、不正は、唾棄すべきものとして社会から忌み嫌われる。何をもって不正とするか。それは、厳格な裁判の真理の末、罪を犯したとして断罪される刑法犯をイメージするのが近い。したがって、犯罪者としての嫌疑をかけられること自体が社会の構成員として極めて不名誉な洗礼なのである。

労働契約と、労働基準法

本来、労働契約は、労使が自由に契約してよい私法の分野に類する。何時間働いたら、いくらの賃金を支払う。男性を雇っても、若者だけ雇っても、本来それは、契約自由の原則が適用されるはずべきものである。

しかし、法が施行された戦後間もないわが国では、それ以前からの女工哀史やタコ部屋に象徴されるように、圧倒的に使用者の立場が強く、労働者は虐げられていた。そこで、労働者が憲法第25条で保障された「すべて国民は健康で文化的な最低限度の生活を営む権利を有する」を具現化できるよう、労働基準法その他の労働法で、罰則をもって縛りをかけた経緯がある。よって、労働基準法は、使用者を取り締まる刑罰法規であるとの位置づけがされている

そこで、労働契約は、強行法規(労働基準法)の部分が6割、自由に契約できる民事(民法)の部分が4割となった。この、6割の部分は法が定めたものであるため、労働者

に不利な定めをしてもその部分は無効となる。つまり、労働時間に関して、原則として労働基準法第32条は、1週間40時間、1日8時間と定めている。これを、たとえ当事者が合意したとしても、1週間80時間、1日12時間と定めることはできない。なぜなら、強行法規は、当事者の意思で動かすことができない絶対的な効力を有するからである。

では、始業時間についてはどうだろうか。会社の事情によって、午前8時に定めてもよし、午後1時に定めてもよし、この部分は、労使で自由に定めることができる民事的部分というわけである。

このように、労働契約は、刑事罰を擁する「労働基準法」と、契約当事者である労使が自由に定めることができる「民法」の二つの構造で成り立っていることがわかる。よって、労働にかかる諸問題を解決する際には、どうしても、刑事罰を規定した刑法の知識と、民法の知識、さらには法体系の頂点である、憲法の知識が不可欠ということになる。

帰責事由と、保護自由

労使トラブルを解決する際、前述の憲法、刑法、民法の知識をベースに、今度は事案ごとに、対立するどちらの主張を保護すべきか、こうしたトラブルが発生した原因はどちらにあるのかを、公正中立な立場から検討しなければならない。

顧問先で労使トラブルが起きたとき、最初の判断は会社である。会社が、こうした法知識を持ち合わせ、自浄能力を有していれば士業の出番はない。しかし、法律論ではなく、感情論でぶつかるのが常であるため、そこに仲裁役の必要性が生じる。それが、労務管理の専門家である、社会保険労務士の役割である。さらに、そうした士業者のアドバイスをもってしても解決が望めなければ、最終的には弁護士に依頼して司法の判断を仰ぐことになるのだが、少なくとも裁判になってしまったら、両者の関係は末期症状であり、関係改善を望むべくもない。

それを未然に防ぐことができるよう、法的観点から、アドバイス指導することができるよう、士業者は日頃から研鑽を積まなければならない。

結語

本書は、著者が45年間、労使紛争の最前線で感じてきた、必要な刑法の知識を集約したものである。

労働基準法違反を問うには、刑法第38条でいうところの「故意」がなければ処罰することはできない。よって、居残り残業について、使用者が労働者の残業を知っていたというだけでは、「罪を犯す意思」つまり故意があるとはいえない。故意とは、「客観的構成要件に該当する事実の認識・認容」であるというのが判例・通説の立場である。よって、会社の社長が、労働者が連日、定時後も居残っているのを見ていた、あるいは知っていたとするならば、確かに事実の認識はある。しかし、それは刑罰法規である労働基準法違反として、求められるレベルの故意に達しているとはいえないのではないか。時間外労働を強制されたというには、労働基準法第5条の強制労働の解釈を正確にしなければならない。帰ることができたにもかかわらず、帰らなかったのは労働者の自由意志であるため、タコ部屋のようなところに監禁され、自由を拘束されるような状態でなければ、刑事罰が科せられることはないのではないか。

こうした、深い洞察にも言及した本書は、生きた手引書として、労使トラブルを解決する際の皆さんのお役に立てることと信じているものである。

最後に、本書の出版に際して、日本橋中央労務管理事務所の皆さんには、大変お世話になりました。さらに、日頃から私の講演、講義を聴いてくださる皆様、拙著発刊のたびに購読してくださる全国の暖かい読者の皆様に、深謝申し上げる次第です。

令和３年11月吉日
河野順一

凡例

１　法令は２０２１年11月１日現在による。

２　本書で使用した法律の略称（50音順）
労基法（労働基準法）
労契法（労働契約法）

目　次

はしがき……2

第一章　刑法入門……17

1 刑法とはどのような法律か　18
1　刑法とは
2　刑法の機能

目次

2 刑罰の種類 25
3 刑罰の目的 26

第二章　罪刑法定主義 …… 29

1 罪刑法定主義の意義 30
2 罪刑法定主義の沿革 31
3 罪刑法定主義の内容 32
1　法律主義（慣習刑法の禁止）
2　類推解釈の禁止
3　遡及処罰の禁止
4　不定期刑の禁止
5　明確性の原則
4 その他の原則 39
1　法益保護の原則

2 謙抑主義
3 責任主義

第三章　犯罪の成立要件……45
1 行為なければ犯罪なし　46
2 構成要件という概念　47
3 犯罪論の三分説　48
1 犯罪論の三分説
2 三分説と刑事司法の実務

第四章　構成要件該当性……53
1 構成要件の解釈　54

目次

2 構成要件要素　56
3 客観的構成要件要素　57
4 実行行為　59
1 実行行為とは
2 単純行為犯と結果犯
3 実行の着手時期
4 中止犯
5 不能犯
6 因果関係
5 不作為犯　73
1 不作為犯の種類
2 不作為犯の因果関係
3 因果関係の証明の程度
4 不真正不作為犯と罪刑法定主義
5 不真正不作為犯の実行行為性

6 不真正不作為犯の成立要件
7 不真正不作為犯の主観面
6 間接正犯 83
1 意義
2 間接正犯の成立要件
3 間接正犯の実行の着手時期

第五章 違法性……87

1 違法性阻却とは何か 88
2 違法性とは何か 89
1 形式的違法性論と実質的違法性論
2 主観的違法論と客観的違法論
3「行為無価値論」と「結果無価値論」
4 主観的違法要素

目次

5 可罰的違法性
6 違法性阻却事由
7 正当行為と正当業務行為
8 被害者の承諾
9 労働争議

3 正当防衛 119
1 正当防衛の意義
2 正当防衛の成立要件
3 防衛するための行為
4 やむを得ずにした行為
5 過剰防衛・誤想防衛

4 緊急避難 134
1 緊急避難の意義
2 緊急避難の法的性格
3 緊急避難の要件
4 過剰避難・誤想避難

第六章　有責性 …… 149

1 有責性とは何か　150
1 有責性
2 責任に関する理論的対立

2 故意・過失　154
1 故意・過失の体系上の地位
2 構成要件的故意
3 故意責任の本質
4 認容説
5 構成要件的故意・過失の犯罪個別化機能
6 責任故意
7 過失
8 旧過失論と新過失論
9 構成要件的過失

10 責任過失
11 労働法を学ぶための故意・過失論
3 責任阻却事由 173
1 違法性の意識——労基法と違法性の意識——
2 責任能力
3 原因において自由な行為
4 期待可能性

第七章 刑法各論の紹介 …… 187

1 刑法各論とは 188
2 労働基準監督官が職務権限を逸脱した場合 191
1 職権濫用罪とは
2 職権濫用罪の保護法益

3 公務員職権濫用罪（刑法第193条）
4 特別公務員職権濫用罪（刑法第194条）
5 特別公務員暴行陵虐罪（刑法第195条）
6 特別公務員職権濫用等致死傷罪（刑法第196条）
7 脅迫の罪
8 強要罪
9 恐喝罪
10 逮捕及び監禁の罪
11 逮捕等致死傷罪
12 住居を犯す罪

判例索引 241
事項索引 246

第一章

刑法入門

Live as if you were to die tomorrow
Learn as if you were to live forever
明日死ぬと思って生きなさい
永遠に生きると思って学びなさい

Scientia potentia est
知は 力なり

1 刑法とはどのような法律か

1 刑法とは

集団生活において、ルールはなくてはならないものである。よく、スポーツは人間社会の縮図だといわれるが、スポーツからルールを奪ったら競技にならないのと同じで、人間社会からルールを奪ったら集団生活は成り立たなくなってしまう。利害が対立し、価値観の異なる多くの人々が集団生活を営んでいくためには、ルールを設けて社会を統制しなければならない。しかし、いかにルールを設けても、それに違反する者を放置しておくなら、ルールを守る者などいなくなってしまうであろう。したがって、ルール違反に対しては、何らかの制裁が科されなければならない。スポーツ競技も人間社会も、この点ではまったく同じである。

スポーツでは、ルール違反の質と程度に応じて、出場停止・退場・減点などのいろいろな**制裁**が科されるが、社会生活のルール違反に対して科される制裁も、**「悪い」**とされる行為の質や程度の違いに応じてさまざまである。新聞やテレビなどのマスコミにとりあげられて世間のひんしゅくを買うというのも、社会的制裁の一つといえるであろう。また、法律的に慰謝料などの損害賠償を強制するのも、社会的制裁の一つである。このように**社会的制裁**にはいろいろなものがあるが、そのうちでもっとも強烈な制裁が**刑罰**であり、刑罰という制裁を科される違反行為が**犯罪**である。**どのような行為を犯罪とし、どのような刑罰を科すか**は、**刑法**という法律に定められている。

つまり、**刑法**とは、**犯罪と刑罰について規定した法律**ということになる。この刑法には、大きく分けて二つの機能があるとされる。その一つが、**「法益保護機能」**である。これは、社会生活における生命や自由や財産といった刑法によって守るべき利益（**保護法益**という）を保護し、この利益を犯そうとする者に犯罪を思いとどまらせる、つまり犯罪を抑止することによって、社会の平穏を保つ働きのことである。社会秩序を維持する機能ともいえるため、この機能を**「法秩序維持機能」**ともいう。

もう一つの機能は、刑法により人々の人権を保障する機能である。刑法は、どのような行為を犯罪とし、どのような刑罰を科すかをあらかじめ明確に成文の法典の形で規定しておかねばならず（これを**「罪刑法定主義」**の原則といい、後に詳しく説明する）、これによって、人々は刑法に規定されていないことは処罰されないという、行動の自由の保障が得られるということである。この機能を**「人権保障機能」**という。

2 刑法の機能

刑法は、前述のように犯罪という一定の行為に対して、刑罰という一定の法的効果を規定する実体法なので、その機能には、犯罪に関するものと刑罰に関するものとがある。

この点について、**刑法**は、犯罪と刑罰との関係を、一般に、「人を殺した者は、死刑又は無期若しくは5年以上の懲役に処する」**（第199条）**のように、「……の行為を行った者は、……の刑罰に処する」という形式をとっており、その前半は、法律上の構成要件である犯罪を規定し、後半は、法律効果としての刑罰を規定していることが多い。このような規定の構造からして、刑法は次の三つの機能をもつものと考えられている。

(1) 規制的機能

刑法は、一定の行為を犯罪とし、これに一定の刑罰を科すると規定することによって、その行為が社会的に無価値な行為であることを示すものである。すなわち、刑法は法的な立場から（宗教・道徳・芸術の立場からではなく）ある行為の無価値つまり刑罰に値する違法性を明らかにしているのである。このような**行為の無価値性**、いいかえれば違法性を評価し、提示することによって、いかなる行為がこれに該当するか、これを国民に提示し、その行動を規律するとともに、人々をしてその判断を誤らしめないようにするのである。

⑵ 法益保護機能

刑法は、一定の行為（犯罪）に対して刑罰を科することを規定することによって、その行為により侵害され、または危険にさらされる法益（法によって保護される利益）を保護しているのである。刑法によって保護される法益は、一般に、大別して**国家的・社会的・個人的法益**なものとされている。ところで、刑法によって保護されている法益がどのようなものであるかということは、その犯罪の本質を埋解し、刑法の規定を解釈するにあたって重要な役割を演ずることになるのである。

たとえば、国家の基本的な政治組織を維持するという**「国家的法益」**を保護するために、内乱罪を設けてその法益侵害行為を処罰している。

また、**「個人的法益」**を保護するために、窃盗罪とか殺人罪などがある。まず、窃盗罪であるが、これは人の財物を盗む犯罪である。窃盗罪を処罰することによって何が守られるのか。それは窃盗犯人が社会からいなくなることで個人の財産が守られるということである。

また、殺人罪という犯罪を処罰することによって何が守られるかというと、人を殺すと死刑・無期・5年以上の懲役に処せられるという刑罰を科すことによって人を殺そうと思う人を減らすことにあり、それは人の命という法益を守るところにある。

このように、刑法によって処罰することによって、われわれの共同生活上の法益を守り、その社会秩序を維持することは、刑法の重要な機能であるということができるのである。これを**「法益保護機能」**という。

(3) 人権保障機能

刑法は、その規定する犯罪が成立しない限り処罰しないという意味で、一般人に処罰からの自由を保障している。このように、刑法に書いてある犯罪以外は自由だという意味で、私たちの自由、人権を守っていると考えることができるのである。また、刑法は、犯人の処罰は法律であらかじめ定められた刑罰の範囲内に限る（不当な処罰からの自由を保障する）という点で、恣意的な処罰から国民を守るというマグナ・カルタであるといわれている。

以上のように、**刑法**は、①**「規制的機能」**、②**「法益保護機能」**、③**「人権保障機能」**の三つの機能を有しているが、とくに、②の法益保護機能と③の人権保障機能は、相互に矛盾対立する二つの要素を適切に調和させることが必要である。たとえば、法益保護機能を強調しすぎれば、国民は皆、安全を守ることになるから、あなたも有罪、彼も有罪、皆そろって犯罪者ということになってしまう。つまり、下手すると警察国家になりかねないことになってしまうのである。一方、人権保障機能をあまり強調しすぎると、あなたも無罪、私も彼も無罪ということになりかねないのである。

そこで、上記設例をもう少し詳しく説明しよう。たとえば、「秘密個人情報データ」をUSBメモリに落し込んでそれを持ち出したとしよう。

問題は、この行為を**刑法第235条**の窃盗罪として処罰してよいかということである。**刑法第235条**の「財物」にあたるということになれば窃盗罪が成立することになるので、「秘密情報データ」が「財物」にあたるかが次に問題となる。この点につき、法益保護法機能を重視する立場（例、被害者など）からは、「秘密情報データ」をUSBメモリに落し込んでそれを持ち出したのであるから、窃盗罪として処罰して欲しいと思うのである。

これに対して、人権保障機能を重視する立場（例、加害者など）からは、「秘密情報データ」は「財物」にあたらないから、**刑法第235条**のいうところの「財物を窃取した」ことにはならないということになる。

そこで、**刑法**の規定を解釈するにあたっては、その両者の調和をいかに図っていくかということが重要となる。

すなわち、処罰の範囲を広げて取り締まりを厳しくすべきだと要請する法益保護機能と、処罰の範囲を限定すべきだと要請する人権保障機能との二つの矛盾する要請を、どこでどう調整させたらいいのか、それが刑法のメインテーマなのである。

憲法では、人権と人権の衝突の調整が問題となり、**民法**では、静的安全と動的安全の調整が問題となった。同様に**刑法**では、法益保護と人権保障が問題となるのである。つまり、ある一つの行為をめぐって、犯罪にするかしないかのところで、まさに、この法益保護機能と人権保障機能の調和が大きく問題となるのである。このように、法律は**憲法**であろうと**民法**であろうと**刑法**であろうと、すべて**対立する利害をどうのように調整していくか**という点に本質的な問題があるのである。

刑法は法益保護機能と、人権保障機能のバランスの上に成り立っている。この二つは車の両輪のようなもので、どちらかにバランスが傾きすぎてしまうと、上手くいかない。法益保護による法秩序維持機能を重視し過ぎると、刑法で取り締まる範囲が広い社会となってしまい、人々の行動の自由が制約される息苦しい社会となる。かといって、人権保障機能を重視し過ぎると、社会の平穏を乱す行為が増える結果、社会秩序が保たれず悪者がのさばる社会となってしまう。よって、両者のバランスをとりつつ、刑法を解釈して運用していくことになるのだが、刑法学の中でも、犯罪の成立についての問題について扱うのが**「犯罪論」**、どのような刑罰を科すかについての問題を扱うのが**「刑罰論」**というように分けられる。ここから先は、主に犯罪論の基礎について説明をしていくことになるが、刑罰についても軽く触れておこう。刑罰について知ることは、犯罪論にとっても大きな意味を持つからである。

2 刑罰の種類

現在、わが国の刑法が定めている**刑罰**は、**死刑・懲役・禁錮・罰金・拘留・科料・没収**の7種である。死刑は、監獄内で絞首して行われる**（刑法第11条）**分類上は**生命刑**とよばれる。懲役・禁錮・拘留は、施設に拘禁して自由を奪うもので、**自由刑**とよばれる。懲役には労役が義務づけられるが、禁錮にはその義務がなく、懲役・禁錮ともに、1月以上20年以下（加算すると30年以下、減軽すると1月以下も可能）の有期と無期とがある**（刑法第12条、第13条）**。無期の懲役・禁錮も、仮釈放の制度によって、終身拘禁されるということはほとんどない。拘留は、労役を義務づけられておらず、1日以上30日未満の期間である**（刑法第16条）**。

罰金・科料は、金銭を奪うもので**財産刑**とよばれる。罰金は1万円以上**（刑法第15条）**、科料は1、000円以上1万円未満**（刑法第17条）**である。罰金・科料を完納できない者は、労役場に留置される**（刑法第18条）**。以上の6種の刑罰は、それだけを独立して科すことができるので、**主刑**といわれる。没収は、犯罪に関係のある物の所有権を奪う刑罰で**（刑法第19条）**、それだけを独立して科すことができず、主刑とともにだけ科すことができるので、**付加刑**といわれる。

以上の刑罰に共通していることは、意思に反して生命・自由・財産を奪うもので、科される者にとっては、非常に苦痛であり、害悪であるということである。かつて行われていた、はりつけ・釜ゆで・火あぶりといった死刑や、手足を切断し、目をつぶし、耳を切除するといった身体刑は、非人道的であるとして姿を消したが、**刑罰がもっとも強烈な制裁**であるということは、今も昔も変わらないのである。

3 刑罰の目的

すでに見たように、**刑罰は生命・自由・財産を奪う非常に厳しい制裁**である。そもそも刑罰制度は、どんな理由によって正当化されるのであろうか。

この点に関しては、**絶対主義**と**相対主義**が基本的に対立している。絶対主義は、刑罰は目的のための存在ではなく、それ自体において正当化されるという立場である。一方、相対主義とは、何らかの目的を達成するための存在として刑罰は正当化されるという立場である。

絶対主義、相対主義の両者の対立は、**応報刑論**と**目的刑論**という形で具体化される。**応報刑論**とは、**刑罰は犯罪という作用に対する反作用であって、それ自体正しいものとして正当化される**という考え方である。入門の段階では、「やられたら、やり返す」という発想に近い考え方だと理解しておいて良いだろう。これに対し、**目的刑論**は、**犯罪の予防や犯罪者の更生などの何らかの目的を達成するからこそ刑罰が正当化される**とする考え方である。

応報刑論にいう**「応報」**とは、行為者が犯した罪に応じた報いを受けるということである。「目には目を、歯には歯を」という**タリオ（同害報復）**の原理もこれにあたる。犯罪は正義の否定であり、刑罰はその犯罪を否定するものであり、それ自体が正義にかなうという考え方が根底にある。応報刑論の中でも、刑罰の正当化原理として応報の原理だけを認める徹底した立場は**絶対的応報刑論**とよばれ、**犯罪予防目的なども考慮に入れる立場**を**相対的応報刑論**という。

応報刑論は「目には目を、歯には歯を」という言葉から、一見すると過酷な刑罰を求めるようなイメージがある。しかし、同害報復の原理は、犯罪と刑罰は価値的に同等でなければならないという考え方でもあるため、**罪刑の均衡という点から国家の刑罰権に一定の限界を画する機能を有している**面もある。また、罪を犯せば、犯した罪に対応した刑罰を受けることが予告されていることから、一般人に対して事前に犯罪の実行を思いとどまらせる効果もあるとされている**（一般予防論）**。さらにいえば、応報という考え方は人々の素朴な感情に合う面が多分にあるのも事実である。

とはいえ、歴史的には刑罰を重くしても、犯罪が減少することがなかったため、応報としての刑罰は無力であり、刑罰の正当化根拠を別に求める考え方が登場した。それが目的刑論である。目的刑論は、犯罪の予防、抑止という目的達成に根拠を求める相対主義の立場に立つ刑罰の正当化原理である。犯罪者に対しては、改善・更生の目的で教育を施し、更生すれば社会復帰させることが、国家にとっても本人にとっても有益であるという考え方を背景としている。犯罪者が再び罪を犯す事のないようにする犯罪予防効果を目的としているのである（**特別予防論**）。この目的刑論にも難点はあり、改善・更生という教育目的で刑罰を科するということは、その効果が現れるまでいつまでも犯罪者を拘禁しておくことが正当化されることにもつながりかねず、また、仮に更生が認められたとしても、社会復帰までの期間があまりに短いと、一般人や被害者はその短い刑期に納得出来ないこともあるといった問題点を抱えている。

刑罰の正当化根拠は今も議論の続く、ある意味永遠の課題ともいえる領域であるが、現時点では、**応報の考えを基調としつつも、その範囲で犯罪防止目的（一般予防・特別予防）も考慮する相対的応報刑論が通説的見解となっている。**

第二章

罪刑法定主義

Live as if you were to die tomorrow
Learn as if you were to live forever
明日死ぬと思って生きなさい
永遠に生きると思って学びなさい

Scientia potentia est
知は 力なり

1 罪刑法定主義の意義

法益侵害があり責任があっても、常に処罰できるわけではない。どんな行為が犯罪とされるのか、また、犯罪とされる行為にはどんな刑罰が科されるのかを、あらかじめ法律で規定しておかなければならないという原則がある。この原則を**罪刑法定主義**という。

これは、刑罰が為政者によって恣意的に行使され、国民の人権が不当に侵害されるのを防ぐため、刑罰権を厳格な法的規制の下におこうという思想に基づくものである。

では、なぜ罪刑法定主義が必要なのか。その理由は、三つある。一つは**「民主主義」**であり、二つは**「自由主義」**であり、三つは**「合理主義」**である。

「法律で定める」というのが民主主義で、「あらかじめ定めておかなければならない」というのが自由主義である。民主主義の要請からは、国民自身が法律によって決める。すなわち、民主主義は、国民の代表者からなる国会での討論と議決によりつくられる法律という形で刑罰を定めることが必要ということが導かれ、裁判所と行政機関はそれに拘束されるという考え方であり、一方、自由主義とは、何が犯罪であるかを、国民に対して前もって明らかにしておかなければ、国民は危なかっしくて自由に行動ができない。したがって、法律によって裏づけのない行為が犯罪となり、それに対していかなる刑罰も科されないという考え方である。

最後に、人間は快楽と苦痛との打算の上に行動する動物だから、犯罪があれば必ず刑罰を科せられる旨が法律上規定されていれば、刑罰から生ずる大なる不快を避けるために、犯罪決意の抑制から生ずる小なる不快を選ぶであろうから、犯罪予防のためには法律による刑罰の予告が必要であるとするという考え方である。これを合理主義という。

したがって、後ほど詳述することにするが、罪刑法定主義は**「法律主義」**と**「事後法の禁止」**からなることになる。

2 罪刑法定主義の沿革

罪刑法定主義は、自由主義思想とともに成立している。その歴史的淵源はイギリスのマグナ・カルタにさかのぼるが、その後、アメリカ諸州の憲法、フランス革命時の人権宣言を経て、やがて世界各国の憲法、刑法の中に規定されるに至った。現行刑法では、罪刑法定主義に関する明文の規定はおかれていないが、これは解釈上明白であるので、当然のこととして規定しなかったものである。

しかし、わが国の**憲法典**では、その**第31条**に「何人も、法律の定める手続によらなければ、その生命若しくは自由を奪われ、又はその他の刑罰を科せられなければならない」と規定して、罪刑法定主義を認めている。

3 罪刑法定主義の内容

罪刑法定主義は、犯罪と刑罰とがあらかじめ法律で定められていることを内容とするが、そこから派生する原則として、次の五つの原則が導き出される。

1 法律主義（慣習刑法の禁止）

慣習法とは、慣習に基づいた社会通念として成立する、社会規範の一種である。慣習法によって人を処罰することはできない**（慣習法不適用の原則）**。犯罪と刑罰は、法律の明文で定められなければならない。法律とは、国会で制定された「～法（律）」という名前を持つ、狭い意味の法律を意味する。

ただし、これには三つの例外がある。

第1は、法令に罰則が設けられている場合である。これは、**憲法第73条6号但書**の反対解釈として出てくるのであるが、法律の委任がある場合に限られており、罪刑の法律主義は担保できているといえるだろう。

第2は、普通、地方公共団体の制定する**条例**に罰則が設けられる場合である（**地方自治法第14条第5項**）。

もっとも、このような条例が効力を有するのは当該公共団体の区域のみであるから、その住民の代表たる議会の承認を受けている以上、条例に罰則を付するのも、罪刑法定主義の範囲内といえるだろう。

この点に関し、最高裁は、法律による授権が具体的であること、罰則の範囲も限定されていること、条例は公選の議員からなる地方議会で制定されるので、公選の議員からなる国会で制定される法律と類似していることを根拠に合憲とした（**最大判 昭37・5・30**）。

しかし、そのような条例が**憲法**や法律の趣旨に反してはならないことはいうまでもないことである。

第3は、法律が、犯罪の成立要件を法律よりも下位の規範に委ねている場合である。これを一種の白地刑罰法規という。この場合、法律が罰されるべき行為の概要を示しており、また、委任されるべき下位規範の存在を国民に明示しているので、罪刑法定主義に反するものとはいえない。**国家公務員法第102条第1項**が「職員は、……人事院規則で定める政治的行為をしてはならない」とし、その違反行為に対し刑を科していることについて、人事院規則のような下位規範に犯罪の成立要件を包括的に委任していることの合憲性が争われたが、最高裁はこれを合憲とした**（猿仏事件　最大判　昭49・11・6）**。「法律自体が、処罰される行為の輪郭を一応特定している」というのが、その理由である。しかし、白地刑罰法規が合憲とされるためには、命令に委ねることの合理的な理由があり、しかもそれは特定の事項に限定されていることが必要なのではないかと考えられる。

罰刑法定主義にいう法律は、先にも述べたとおり、狭義の法律を指すから、慣習法はこれに当たらない。慣習法は、内容が不明確であるし、国民に周知されるかどうかもわからないからである。したがって、慣習刑法を刑法の法源とすることもできないのである。

ちなみに**慣習法**とは、社会規範の一種であり、社会において特定の事項について同じ事柄が繰り返して行われ、それが人々によって規範として意識されるようになった場合に成立するものである。国会で制定する法律の明文ではなく、このような慣習法によって処罰されることになると、人々はあらかじめその行為に対する罪と刑を知ることができない。つまり、慣習法の適用を認めれば慣習法の適否を判断するのは裁判所であるため、裁判官の恣意・専断を許すことになるので慣習法によって人を処罰することを認めていないのである。

ただし、刑法の解釈において、慣習を考慮することは許されると解されている。たとえば、公然わいせつ罪においては、わいせつの意義が問題となるから、それには、社会常識・慣習によって判断されることになる。このような場合には、何ら罪刑法定主義に反しない。

2　類推解釈の禁止

刑罰法規に規定されていない事柄なのに、これと類似する法規があるとの理由から、類推して適用し、これを処罰することを刑法上の**類推解釈**という。たとえば、甲がA行為を行ったとしよう。しかし、A行為そのものを処罰する条文は存在しない。ただ、A行為と一見似たB行為を処罰する条文は存在する。そこで、このB行為を処罰する条文で、A行為を処罰するような判断を下すというものが類推解釈である。

刑法では、似た行為を処罰する規定があるからといっても、その行為についての処罰規定がない限り、類推解釈で処罰することはできない。なぜなら、罪刑法定主義が、犯罪を法律で定めるべきことを要求するものである以上、法律の規定を超えて犯罪と刑罰を拡張することは許されないからである。

伝統的に、刑法の解釈は厳格でなければならないとされており、**「疑わしきは被告人の利益に」**という法格言もあるくらいである。

類推解釈として似た法解釈として、**拡張解釈**がある。拡張解釈とは、刑法の条文の言葉の日常用語的意味を標準として、それにより広く解釈することをいう。法律には、日常用語と一致しない用法がしばしば見受けられるが、それが条文の言葉の可能な意味の範囲内で解釈される場合を拡張解釈という。そして、可能な意味の限度を超えて解釈する場合が類推解釈となる。たとえば、看護師について医師に準じた秘密漏洩罪（**刑法第134条**）を適用することは、類推解釈にあたる。「医師」という言葉に看護師を含めるとすれば、それはまったく異なった事柄を類推適用することになるからである。

次に、拡張解釈の一例をあげると、電気窃盗事件において、電気が窃盗罪の対象である「人の所有物」にあたるかどうか問題となったときに、「所有物は管理可能性のあるもの」と解釈するようなことがこれにあたる。判例によれば、汽車等転覆罪などにおける「汽車」にはガソリンカーが含まれるとし、養鯉池の水門を開いて鯉を流出させた行為は器物損壊罪（**刑法第261条**）にあたるとし、写真コピーによる公文書偽造罪（**刑法第155条**）の成立を認めているのも許された拡張解釈の結果とされている。

なお、類推解釈が禁止されるのは、それによって被告人に不利益を及ぼす場合に限られるから被告人にとって有利なものについては、類推が許されている。たとえば、緊急避難を**刑法第37条**の規定する生命・身体・自由・財産に対する危険の場合だけでなく、類推によって貞操や名誉に対する危難についても認めることは許されている。

しかし、どちらも言葉本来の用語法を拡大する解釈であるため、類推解釈と拡張解釈とを区別することは実際上困難である。

3　遡及処罰の禁止

刑法の効力を遡及させてはならないとする原則である。仮に、刑法の遡及効を認めるとすれば、行為当時においては何らの犯罪とならないものが行為後の法律によって犯罪とされることが起こりうることになり、これでは罪と刑罰とをあらかじめ法律をもって定めるという罪刑法定主義に反することになる。**憲法第39条前段**は、「何人も、実行の時に適法であった行為……については、刑事上の責任を問われない」として遡及処罰禁止の原則を明らかにしている。ただし、この刑罰不遡及の原則には例外がある。

刑法第6条は、「犯罪後の法律によって刑の変更があったときは、その軽いものによる」と規定しており、行為時法よりも裁判時法の方が刑罰が軽くなった場合には、裁判時法の遡及を認めることとしている。これは罪刑法定主義が被告人の利益を守るための原則であり、その内容の解釈にあたっては、そのような方向でなされるべきであるということを示したものである。

4　不定期刑の禁止

刑法上、不定期刑を採用してはならないという原則である。不定期刑には、絶対的不定期刑と相対的不定期刑とがある。絶対的不定期刑とは、懲役又は禁錮の刑の刑期をまったく定めずに言い渡すことをいう。罪を犯したからといっても、懲役刑や禁錮刑を言い渡すだけで、いつ、その刑が終了するのかわからないというのでは、受刑者の人権保障に欠けることになるからである。たとえば、治ったら刑務所から出してあげるということでは、刑罰を定めたことにならない。治ったら出してあげると言われたら、死ぬまで出られないことになってしまう（終身刑）。罪刑法定主義の要請からも、このような不明確な刑罰の定め方は、**憲法第31条**に反し許されないものである。

5 明確性の原則

どのような犯罪にどのような刑罰が科されるか、あらかじめ、一般国民に明らかにされている必要がある。犯罪についてみると、その成立要件について解釈の余地はあるとしても、それは国民の予測が可能なものでなければならない。したがって、いかに法律で犯罪と刑罰が定められているといっても、その内容があまりにも一般的な定め方で、どのようにでも解釈できるようでは、結局、どのような行為が処罰されるかわからず、国民の活動の自由が大きく阻害されることになる。そこで、いかなる要件で犯罪が成立し、いかなる刑罰が科されるのかが明確であることが求められている。

過去の判例に、行政取締法規の包括的な規定をめぐって明確性が争われたものがある。最高裁は、デモ行進をする者が、「交通秩序を維持すること」という条件に反したことを罰する徳島市公安条例の規定は、抽象的すぎて立法としては妥当性を欠くが、通常の判断力をもつ一般人ならば禁止事項の基準を判断できるから、罰則の明確性を欠くものではなく、**憲法第31条**に違反しないとした **(最判 昭50・9・10)**。

4 その他の原則

1 法益保護の原則

「法益保護の原則」とは、法が守ってくれる利益が侵害されていない、あるいは侵害の危険にさらされていない場合には、ある行為を犯罪として処罰することは許されないという原則である。

2 謙抑主義

「謙抑主義」とは、刑罰はすべての違法行為を対象とすべきではなく、必要やむを得ない場合に限って科されるべきであるとする原則である。

国家権力が、国民に対して物理力を発揮するのは、その刑罰権を実現するときである。しかし、刑罰権の行使は控え目で、最後の切り札として、犯罪の抑止のために他にとるべき手段がないような場合に限って、刑罰権が行使されるべきである。最近とくに、刑罰権の行使には抑制が働かなければならないと強く主張されるようになってきた。

このような主張を**「刑罰の謙抑主義」**と呼んでいる。

労基法を例に挙げよう。今、事業主が労働者に時間外労働をさせる場合、労働基準監督署に36協定という書類を提出しなければならないことになっている。この届出を提出しないで労働者に時間外労働をさせることはできない。しかし、事業主が労働基準監督署に36協定という書類を提出せずに時間外労働をさせたという申告を労働者から受けた労働基準監督官が、なにが何でも労基法違反として摘発処理しなければならないかというと、ここで先の謙抑主義が頭をもたげてくるのである。確かに、社会秩序を維持するために、これを破壊する労基法違反（犯罪行為）を取り締まり、刑罰によって制裁を加え、刑務所へ送り込むことも、労働基準監督官の大切な仕事である。

しかし、もし事業主が初犯であり、労働基準監督官から是正・勧告・指導を受けて懲りにこっているとすれば、何のために刑務所へ送り込む必要があるのか。このような場合に税金を使ってあえてしなければならないのか。確かにこれを労基法違反（犯罪）とみる法律はある。

とはいうものの、何がなんでもこれを摘発しなければならないのかどうか。謙抑主義というのは、こういう場合に働く判断なのである。なんでも刑罰を科すればよいというものではない。刑罰以外の手段があって、それが犯罪抑止や制裁の効果をある程度実現していたとすれば、たとえば、事業主が労働基準監督署より是正勧告・指導を受け、事業主も懲り、周囲の人々も天罰てき面であると思っているとしたら、それ以上の刑罰はやめようというのが、**「謙抑主義」**である。

このような事案の場合、労働基準監督官（警察官）が捜査し、検察官に送っても、検察官は、これを起訴しない場合が多いものと考えられるのである。世の中には、労働基準監督官（警察官）に摘発されていない多くの労基法違反（犯罪）があったとしても、もし労基法違反による波紋がすでに鎮静しているのであれば、それはそれで十分であるという評価をすることができるのである。

罪刑が法定され、労働基準監督官（警察官）をはじめ国の司法機関が法規の運用にあたって謙抑主義の原則に忠実であれば、人権は保障され、国民は安心して生業に従事することができる。しかし、罪刑が法定されていても、労働基準監督官（警察官）をはじめ国の司法機関が、法律の解釈にあたって恣意的な解釈をしたとしたら、国民の人権保障を守ることはできないであろう。

今、労働基準監督官が、労基法違反の事件にぶつかって、それを解決する仕事の順序を考えてみよう。

まず、対象になる事件の事実は何かである。現場の捜査から始まって、証拠によって明らかにしていく**（事実認定）**。次に、その犯人を逮捕し処罰するのに、適当な法令は何か、その発見と検討が行われる**（法令の選択と解釈）**。最後に、認定された事実と検認された法令の適用が行われる**（法令の適用）**。このように、労働基準監督官の事件処理の真ん中に法令の選択と解釈が座っている。

問題となるのは、法規の解釈の仕方である。多く重要犯については、学説も判例もほぼ完備しているから、労働基準監督官は、とくに判例を中心に学習すればよいと思われる。問題は軽微な犯罪である。この場合は、事件にぶつかった労働基準監督官がまず解釈を強いられることがある。では、いかなる態度を基本にすべきか、答えはすでに学習済みである。

罰刑法定主義があり、類推解釈禁止の原則があるのだから、できるだけ文字にそって厳格に解釈しなければならないが、一方、謙抑主義ということもある。刑罰法規、いわゆる労基法に引っかかっているからといって、直ちにそのすべてを検証の対象にするのが正義か、しないのが正義か。

よくよく考えて、法令の適用を図るべきである。「もし迷ったら（労働基準監督官は、）謙抑主義を思い出せばよい。厳格に解するのも、また、目的論的に弾力的に解すのも、要は国民にとって何が利益かということに帰着するのである」と民法の大家、末広厳太郎博士は述べておられる。社会には、刑罰以前のいろいろな制裁があり、それが円滑に作用している限り、刑罰の実現は謙抑的でなければならない。換言すれば、刑罰は必要悪として用いるという態度で、解釈・適用の判断をするようにすればよいのである。

3 責任主義

罪刑法定主義と並んで重要な刑法の基本原則として、**責任主義**がある。罪刑法定主義は「法律がなければ犯罪はなく、法律がなければ刑罰もない」とする原則であるが、責任主義は**「責任なければ刑罰なし」**という標語で示される。

刑法上の**責任**とは、違法な行為につき、行為者を**非難**しうること**(非難可能性)**であるが、責任主義とは、たとえ犯罪行為があったとしても、それを行った行為者の責任を非難することができない場合には、犯罪の成立を認め、刑罰を科すことはできないとする原則である。たとえば、重い精神の障害により犯罪を行った者に必要なのは刑罰ではなく治療であり、自己の行為の悪さが理解できない幼児が行った犯罪行為に必要なのは教育なのである。また、通常の判断能力を有する一般人であったとしても、時と場合によっては、それと知らずに犯罪行為を行ってしまうような場合があり、その責任を非難できないような場合もあるだろう。

くわしくは後述することになるが、責任主義は犯罪の成立を論じる最後の段階で大きな意味を持つのである。

第二章

犯罪の成立要件

Live as if you were to die tomorrow
Learn as if you were to live forever
明日死ぬと思って生きなさい
永遠に生きると思って学びなさい

Scientia potentia est
知は 力なり

1 行為なければ犯罪なし

犯罪が成立するためには、まず、人の**「行為」**がなければならない。すなわち、頭で考え、心に思うという主観的なものだけでは、犯罪として処罰されることはなく、それが**客観的な行為となって外部に現れたとき、はじめて法の干渉を受ける**のである。**「行為なければ犯罪なし」**といわれるのは、行為が犯罪成立の基本要素となることを示したものである。

たとえば、パン屋の前でパンを盗もうと思っているだけの段階で処罰するようなことは、そもそも人の内心を外部から知ることが果たして可能かどうかという話はさておき、主観面のみ、つまり内心のみを処罰することは、人の内心における過剰な干渉であり、思想良心の自由に反し、人権保障の要請に背くことになる。そのため、処罰の前提として、客観的な行為を要求するのである。

刑法上の行為の定義をめぐっては諸説あるが、**意思にもとづく身体の動静**というのが通説的定義であり、たとえば夢遊病者の夢遊状態における行動や、ピストルを突きつけられて、やむを得ず行ったような絶対的強制下にある行為のように、意思の伴わない行動は「行為」とされず、犯罪とはならないのである。

また身体の**「動静」**という言葉にも注意を要したい。これは、**身体の積極的な挙動による行為**である**「作為」**のほかに、**一定の期待された行為をしない**という**「不作為」**も刑法上の行為に包含する意図があるのである。たとえば、母親が乳児に授乳をせずに、その子を死なせてしまった、というような例を考えてみよう。このとき、刑法における行為を、身体の積極的な挙動のみに捉えてしまうと、行為がなかったことになり、母親が授乳をしなかったことについて、犯罪の成否を論じることすらできなくなってしまう。対して、行為の定義を身体の「動静」として不作為を含むことで、授乳をすることを期待される母親が、その作為を怠ったことを、刑法上の行為として認めることができ、犯罪の成否を論じることが可能となるのである。

2 構成要件という概念

刑法は、社会生活上「悪い」とされる行為のなかから、刑罰を科すのが適当と思われる行為だけを選び出し、類型化して、犯罪として規定している。刑法が、殺人・傷害・窃盗・詐欺などと類型化して規定した犯罪行為の「型」を**「構成要件」**という。犯罪を**「構成」**するのに必**「要」**な条**「件」**、であるため、構成要件とよばれていると理解してもらってよいだろう。構成要件は刑法学上、一般的に、**社会通念上、違法・有責とされる行為の類型**、と定義されている。なぜこのような定義になるのかは、後に詳しく説明するが、現段階では、構成要件を、いわば犯罪のカタログである**刑法**に載っている各種の「型」のようなものと捉えておいてもらえばよいだろう。

罪刑法定主義のもとでは、刑法が犯罪として規定していない以上は、いかに社会的に非難されるような行為であっても、これを処罰することは許されない。刑罰を科しうるのは、刑法が犯罪行為として規定している「型」、すなわち構成要件にあてはまる場合だけである。構成要件にあてはまることを**構成要件該当性**といい、犯罪が成立するか否かは、まず構成要件該当性があるかどうかを検討する段階から始まる。

つまり、構成要件に該当しない行為は、犯罪とならないのであり、これを構成要件の**「犯罪・非犯罪区別機能」**といい、罪刑法定主義が具体化したものである。

3 犯罪論の三分説

1 犯罪論の三分説

刑法の規定する構成要件に該当しなければ犯罪は成立しないが、形式的に構成要件に該当すれば、ただちに犯罪が成立するというわけではない。犯罪が成立すれば、刑罰が科されることになるため、刑罰を科すべきでないという場合には、たとえ構成要件に該当したとしても、犯罪の成立を認めるわけにはいかないのである。

たとえば、傷害罪の構成要件は「人の身体を傷害した」**（刑法第２０４条）**ことで、医師の外科手術も傷害罪の構成要件に該当する。しかし、適法になされた医師の治療行為を処罰すべきだという人はおそらくいないであろう。また、幼稚園児の喧嘩も暴行罪**（刑法第２０８条）**の構成要件に該当するが、これを犯罪として刑罰を科すべきだとはいえないであろう。このように、**構成要件該当性**のみをもって、犯罪の成立を認めてしまうわけにはいかないのである。

犯罪が成立するためには、行為が**刑法**の定める構成要件に該当するだけでなく、さらに**法秩序全体からみて社会的相当性を欠くもの**であること、すなわち**違法**であることを要する。医師の外科手術は、**刑法**の構成要件に該当しても、法秩序全体からみれば、社会的に是認される相当な行為である。したがって、その行為は違法性を欠くとして、犯罪不成立となるのである。構成要件に該当するかどうかの判断は、刑法が定めている犯罪のカタログにあてはまるかどうかという、形式的で抽象的な「型」どおりの判断であったのに対して、違法であるかどうかの判断は、法秩序全体から見て社会的に相当な行為かどうかという、実質的で具体的な判断である。

構成要件に該当する行為が、社会的に相当でない行為として**違法性**を認められたとしても、まだ犯罪は成立しない。幼稚園児の喧嘩は、暴行罪の構成要件に該当し、違法性も備えているが、これを犯罪として刑罰を科すわけにはいかない。犯罪が成立して刑罰を科すことができるようになるのは、構成要件に該当し、違法な行為が**責任**を問えること、つまり、**非難可能性**がある場合でなければならない。すなわち、非難可能性がなく責任を問えない場合には、犯罪は成立しないのである。この責任があるかどうかの判断、すなわち**有責性**判断は、行為の責任を行為者に問えるかどうかという、**主観的な判断**である。構成要件該当性・違法性の判断は、行為者と行為とを切り離して、行為自体について客観的になされるのに対して、有責性判断は、行為と行為者とを結びつけ、主観的になされるのである。

以上から、犯罪の定義は、**「構成要件に該当する違法で有責な行為」**ということになるのであるが、犯罪の成立要件として、構成要件該当性・違法性・有責性の三つを掲げ、この順に犯罪の成立を検討していく考え方を犯罪論の**三分説**とよんでいる。犯罪が成立するか否かの認定は、生命や自由・財産を奪う刑罰権の発動に関わるものであるため、慎重すぎるほど慎重になされなければならない。犯罪論の三分説は、この要請に応えるもので、行為をいわば三つのふるいにかけ、慎重に犯罪の成立を認定しようとするものである。

犯罪論の三分説は、犯罪成立の認定を慎重にすることのほかにも、いくつかの利点がある。**形式的な判断から実質的な判断**へ移行する、**構成要件該当性→違法性→有責性**という判断の過程は、通常、人間が物事を判断していく過程にもっとも適しており、裁判官の個人的な意見や感情に左右されない公正で的確な裁判が期待できる。また、社会的な反響の強い事件に対するときでも、その影響を排して法に従った冷静な裁判を行うことが可能になる。さらに、裁判官によって同じような事件に異なる判断がなされるという事態を最小限度に抑えることも可能になる。

このようにして、犯罪論の三分説は多くの利点を持つため、判例および通説が採用する体系となっているが、その細部については論者によって違いがある。

2 三分説と刑事司法の実務

刑事司法の実務でも、構成要件という言葉を用いてはいるが、学説の唱える三分説の通りの運用がなされているわけではないことに注意を要する。

実体法である刑法と、**手続法である刑事訴訟法**は、よく車の両輪にたとえられる。犯罪と刑罰に関する実体を定めた刑法があっても、それを刑事司法手続、つまり警察による捜査、検察による捜査及び起訴手続、そして裁判所による審理および判決がなければ、刑法の規定は絵に描いた餅のごとく意味をなさない。刑法と刑事訴訟法が車の両輪のようにバランスをとって、社会全体の安全と秩序を実現することが何より大事なのである。そのため、実務においては最終的に裁判所において、刑法の規定が刑事訴訟法を通じて実現されることを常に意識して、解釈運用がなされることになるのである。

その刑事訴訟法において、有罪判決をするためには**「罪となるべき事実」**を認定し、**「犯罪の成立を妨げる理由」**を当事者が主張する場合は、その判断をすると規定されている**（刑事訴訟法第335条）**。

「罪となるべき事実」とは、起訴状に具体的な日時場所方法などを特定して示される**犯罪事実・訴因**のことであり、罪名及び罰条によって法律構成が明示されることになる。この、罪となるべき事実は、刑罰を基礎づける積極的な犯罪成立要件にあたる具体的な事実であるので、犯罪の**原則的・積極的要件**（客観的要素・主観的要素を含む）にあたる事実である。

一方で、**「犯罪の成立を妨げる理由」**とは、正当防衛や緊急避難などの**違法性阻却事由**、責任無能力（心神喪失）などの**責任阻却事由**と解されており、起訴状に検察官が訴因として積極的に示す必要はないものである。犯罪の**例外的・消極的要件**である。

つまり、刑事裁判において犯罪の認定をする際には、「罪となるべき事実」と「犯罪の成立を妨げる理由」という、**原則・例外の二分体系での運用**がなされているのである。**刑法**の学習の上では、構成要件該当性・違法性・有責性という三分説を理解することは重要であるが、それはあくまで学習の到達点であって、学習の始めの頃は、学説の深みに入り込まず、刑法総論の学習は、「犯罪を成立させるための要件」と、「犯罪の成立を阻却するための要件」の大きく二つに分かれるという原点から外れないように心がければ良いだろう。

第四章

構成要件該当性

Gnothi seauton
汝自身を 知れ

Cogito ergo sum
我想う 故に我あり

1 構成要件の解釈

刑法は、殺人罪・放火罪・公務執行妨害罪など、いろいろな犯罪の**構成要件**を規定している。犯罪とされる行為は、いずれも何らかの利益を侵害する行為である。侵害される利益（刑法によって保護すべき利益であることから、**「保護法益」**とよばれる）によって犯罪を分類すると、個人的法益に対する罪、社会的法益に対する罪、国家的法益に対する罪という、三つのグループに分けることができる。

「個人的法益に対する罪」には、殺人罪や堕胎罪のように生命を侵害するもの、傷害罪や暴行罪のように身体を侵害するもの、逮捕監禁罪や強制性交等罪のように自由を侵害するもの、名誉毀損罪や侮辱罪のように名誉を侵害するもの、窃盗罪や詐欺罪のように財産を侵害するものがある。

「社会的法益に対する罪」には、放火罪や往来妨害罪のように公共の安全を害するもの、通貨偽造罪や文書偽造罪のように公共の信用を害するもの、公然わいせつ罪や賭博罪のように風俗を害するものなどがある。

「国家的法益に対する罪」には、内乱罪のように国家の存立そのものを侵害するものと、公務執行妨害罪や偽証罪のように国家の作用を侵害するものとがある。

これらの犯罪の構成要件の意味・内容を明らかにする領域は、刑法学の主要な課題の一つで、**「刑法各論」**や「犯罪各論」とよばれている。
たとえば、詐欺罪の構成要件は、「人を欺いて財物を交付させた」**(刑法第246条第1項)**こと、または同様の方法で「財産上不法の利益を得、又は他人にこれを得させた」**(同条第2項)**こととされている。いわゆる「だまし取る」行為が詐欺罪とされるわけであるが、これをめぐって次のような議論が展開されることになる。

だまし取ったといえるためには、まず、欺く行為**(欺罔行為)**があり、それによって相手方がだまされて**(相手方の錯誤)**、財物を引き渡したり、利益を与えること**(処分行為)**が必要である。つまり、欺罔行為→相手方の錯誤→相手方の処分行為→利得という一連の因果経過をたどらなければ、「だまし取った」ものとして、刑法の詐欺罪の構成要件に該当するものとは評価されないのである。欺罔行為は、言葉によるものに限られないから、飲食代金を支払う意志がないのに、それを隠して普通の客をよそおい、飲食店で料理を注文する行為も欺罔行為となる。したがって、いわゆる無銭飲食は原則として詐欺罪になる。

しかし、飲食後に財布を忘れたことに気づき、黙って逃走するのは、欺罔行為が存在しないため、詐欺罪とはならない。ただし、外に用事があるなどと嘘をついて立ち去ると、そこに欺罔行為が存在するため、詐欺罪が成立する可能性がある。また、だまそうとしていることを相手は見破ったが、気の毒に思って財物を渡したというのであれば、相手方の

「錯誤」がなく、欺罔行為と相手方の処分行為への因果の流れが途中で途切れているため、詐欺罪は既遂にならない。また、いわゆる**「キセル乗車」**については、詐欺罪が成立するという説と成立しないという説があり、詐欺罪の成立を認める説も、乗車駅の改札係を欺罔したのか、降車駅の改札係を欺罔したのかで争いがあって、それによって既遂時期も変わってくる。

詐欺罪については、およそ以上のような議論が展開されているが、刑法各論ではこれと同様に、刑法が規定しているそれぞれの犯罪の構成要件を解釈して、詳細な検討を加えている。

2 構成要件要素

構成要件が、社会通念上「悪い」とされるものを選び出し、類型化したものであるということは前に説明したが、ここでは構成要件についてより詳しく説明することとする。

社会通念上「悪い」とされる行為とは、行為者が、客観的には社会的相当性を欠いた法益侵害行為を行ったこと、すなわち違法性を有することであり、主観的には、行為者を非難することが可能な内心的態度を有していること、すなわち有責性が存在することを意味する。つまり、**構成要件は、社会通念上、違法・有責とされる行為の類型**（違法・有責類型）なのである。これは、前述した犯罪論の三分体系が、構成要件という概念に統合されていることを意味する。後述するが、構成要件に該当すれば、基本的に違法性が推定され、また責任が推定されるとされるのはそのためである。

構成要件の**違法類型**としての側面が、**客観的構成要件要素**であり、**有責類型**としての側面が、**主観的構成要件要素**である。それぞれの要素を満たしたときに、犯罪の成否を論じる三分体系の第一段階となる、構成要件該当性が認められることになる。以下、各構成要件要素について説明することとする。

3 客観的構成要件要素

客観的構成要件要素とは、**行為の客観面**、つまり、その存在が外見上認識できる要素であり、**⑴主体**、**⑵客体**、**⑶行為**、**⑷結果**、**⑸因果関係**、**⑹行為の状況**などの要素がある。

たとえば、殺人罪について**刑法第199条**は、「人を殺した者は、死刑又は無期若しくは五年以上の懲役に処する」と規定している。ここから、殺人罪の客観的構成要件要素は、⑴主体としての「人を殺した者」、つまり殺人者と、⑵客体である被害者、⑶行為としてのナイフで刺す、銃で撃つといった殺人行為、(4)結果としての人の死、そして、(3)と(4)との間に(5)因果関係があること、となる。(6)の行為の状況は、殺人罪の場合は問題とならない（**行為の状況**の具体例としては、消火妨害罪（**刑法第114条**）における「火災の際」などがあげられる）。これらの客観的構成要件要素すべてを満たすと、後述する主観的構成要件要素の有無が問題となり、それも満たして初めて、構成要件該当性ありとなるのである。

なお、行為の**「客体」**と**「保護法益」**の関係についても触れておこう。殺人罪の行為の客体は被害者である**「人」**であり、保護法益は**「人の生命」**である。また、窃盗罪（**刑法第235条**）の客体は「他人の財物」であるが、保護法益は「財産権」となる。これらは、客体と保護法益が大体において一致しているともいえるが、公務執行妨害罪（**刑法第95条**）の場合は、客体としては暴行または脅迫を加えられた**「公務員」**になるが、保護法益は公務員によって執行される職務である**「公務」**ということになり、客体と保護法益が一致しない場合もあることに注意を要する。たとえば、公務員である労働基準監督官に投石をしたり、猛犬をけしかけるなどして追い返した場合、客体である労働基準監督官が行う「公務」の執行が妨害されるという形で、法益侵害があったことになるのである。

客観的構成要件要素のなかで、その中心となるのは**行為**であり、**構成要件に該当する行**

為を、特に**実行行為**とよんでいる。

4 実行行為

1 実行行為とは

客観的構成要件要素である行為は、より正確には**実行行為**と呼ばれており、**構成要件的結果発生（法益侵害）の現実的危険性を有する行為**のことである。わかりやすくいえば、その構成要件が守らなければならない法益が侵害される現実的な危険性を引き起こす行為のことを、実行行為とよぶのである。殺人罪を例に取ると、AがBを殺そうと思い、暴力団員から非合法にピストルを入手した段階では、確かにAは悪い行為を行っているものの、ピストルを買っただけでは「Bの死」の現実的危険性が発生しているとはいえないだろう。人の生命という殺人罪の保護法益は、未だ現実の危険にさらされていないからである。よって、殺人罪の実行行為は行われておらず、当然殺人罪とはならない。

「では、殺人未遂になるのではないか」と思うかもしれないが、**未遂**とは、後述するように、

実行行為は行われたものの、結果が発生しない場合（あるいは、**実行行為と結果の因果関係が認められない場合**）のことをいい、しかも**未遂犯を処罰する規定がある場合に限って処罰される**のである。殺人罪には、殺人未遂罪**（刑法第203条参照）**があるが、実行行為のない以上、Aは未遂罪にもならないのである。ただ、**刑法**には未遂以前の予備段階を**予備罪**として処罰する場合があり、殺人罪には、殺人予備罪**（刑法第201条）**があるため、Aの行為はこれに該当するだろう。

このように、実行行為があるかどうか、すなわち**実行の着手の有無**によって、犯罪が少なくとも未遂となるか否かという、大きな違いを生むのである。

2 単純行為犯と結果犯

実行行為がなされれば、それだけで犯罪となるものを**単純行為犯**という。たとえば、**偽証罪（刑法第169条）**は、嘘の証言をすれば、それだけで犯罪が成立し、裁判官がだまされたかどうか、それによって間違った裁判がなされたかどうかということは問題にされない。嘘の証言をしたということ自体で処罰されるのである。

これに対して殺人罪は、先ほどのAがピストルでBを撃ったとしても、その実行行為があっただけでは足りず、それによって人の死という結果が発生しなければ、既遂にはならない。このように、**実行行為のほかに一定の結果が発生することが要求されている犯罪を、結果犯**という。

3　実行の着手時期

結果犯では、構成要件に定める結果（**構成要件的結果**）を発生させるような行為（**実行行為**）がなされたが、結局、結果が発生しなかったという場合が生じる。これがいわゆる「**未遂**」である。未遂は、これを処罰するという特別の規定がある場合に限って犯罪とされ（**刑法第44条**）、殺人や強盗などの重大な罪について、未遂を処罰する規定がおかれている。未遂を処罰する場合には、刑を減軽することができるものとされる（**刑法第43条**）、したがって、理論上は既遂と同様に処罰することも可能なわけである。

刑法上、どこから未遂罪として処罰されるかという問題を、「**実行の着手時期**」という。実行の着手の有無によって、未遂罪が成立するか、それとも予備罪（予備罪処罰規定がある場合に限る）にとどまるかなどが決定されるのは、さきほどの例で説明したとおりであるが、より詳しくこの点についてみていくこととしよう。

実行の着手時期について古くは、行為者の内心を基準にする説（**主観説**）も唱えられていたが、内心において犯罪を決意するのみで未遂罪として処罰するのでは、行為者の主観面のみを捉えて処罰することに他ならず、憲法の定める思想良心の自由すら侵害しかねず、また、基準としても極めてあいまいであるため、罪刑法定主義に反するなどの点から支持を失っており、現在では**客観的な行為を基準にしてとらえる説（客観説）**が通説となっている。

客観説内部でも、考え方はさらに分かれるが、ここでは、実行の着手時期を**「構成要件的結果発生の現実的危険を有する行為を開始したとき」**という通説的基準を理解しておけばよいであろう。未遂犯を処罰するということは、法益侵害の結果は未だ発生していなくても、その危険が発生したことで、処罰するということである。実行の着手の定義の**「構成要件的結果発生」**とは、構成要件が予定する結果、つまり**法益侵害の結果**ということになる。たとえば、殺人罪**（刑法第199条）**の予定する結果とは「人の死」であり、生命という法益が侵害されるという結果のことである。そして、**「構成要件的結果発生の現実的危険性」**とは、法益侵害という結果そのものは発生していなくても、その現実的危険性があることを意味する。殺人罪の例でいうならば、「人の死」という結果が発生する現実的危険性があるということである。

たとえば、先ほどのAが殺意をもって、ピストルを懐にBの家に向かったとしよう。このときはまだ、「Bの死」という現実的危険が発生したとはいえない。これは、AがBの家の玄関前に立った段階でも同じだといえよう。

しかし、ドアを開けて出てきたBに対しAがピストルを向け、引き金に手をかけたとしよう。まさにこのとき、「Bの死」という結果は未だ発生していないが、「Bの死」という法益侵害を惹き起こす（**「惹起する」**という）現実的な危険性は発生したといえる。よって、通説の立場からは、この瞬間に未遂罪を認めることになるのである。

実行の着手時期は、それぞれの犯罪ごとに個別的具体的な検討を要する大きな問題であるが、ここでは、いくつかの例を紹介しておこう。**窃盗罪（刑法第235条）**の実行の着手時期の問題で、判例は単に人家に侵入しただけでは、窃盗の実行の着手を認めず、財物のある箪笥の方に向かった時点で実行の着手ありとしている。それに対して、別の判例では、土蔵に侵入した段階で実行の着手を認めている。この二つの判例の違いを導く基準こそが、**「結果発生の現実的危険性」**の有無なのである。行為者が単に人家に侵入しただけでは、財物、わかりやすくいえば「金目の物」のありかがわかるとはいえない。その意味で、結果が発生する現実的危険性はこの時点ではまだあるとはいえない。しかし、貯金通帳や宝石類などがしまってある箪笥のそばに近づけば、それらが奪われる現実的危険性があるといえよう。一方、中に財物をしまうための土蔵ならば、その入口に入っただけで、財物の奪われる現実的危険性は十分にあるといえよう。よって、侵入した段階で未遂罪の成立を認めるのである。

4 中止犯

実行の着手があれば、少なくとも**未遂**は成立するわけであるが、犯罪がそのまま**既遂**に達するとは限らない。先ほどの窃盗罪の例でいえば、箪笥のそばに近づいた、あるいは土蔵に侵入した段階で家人に見つかって、財物を手にできなかったような場合である。また、未遂のうちでも、犯人が**「自己の意思」でやめた**場合は、**中止未遂**または**中止犯**とよばれ、必ず刑を減刑されるか、免除**（必要的減軽・免除）**される**（刑法第43条但書）**。犯罪の実行行為を始めても、自分の意思でそれをやめれば、寛大な処遇が得られるわけである。犯罪を未然に防止するため、犯人に**「あと戻りのための黄金の架け橋」**を**政策的**に用意したものであるとか、自分の意思で反抗をやめたことにより、**非難の程度が減少（責任減少）**したためであるとかの説明がなされている。

「自己の意思」によってやめたといえるかどうかの判断は微妙な問題で、悔悟したことまでは要求されないが、犯罪遂行を困難にするような事情を認識してやめたのでは、「自己の意思」によってやめたとはいえないものとされている。この判断基準について、いわゆる**「フランクの公式」**というものがあり、**「やろうと思えばやれた」**のに中止した場合が中止犯、**「やりたくてもやれなかった」**場合が未遂犯であるとする。

この基準によると、警官がやってくると思ってやめたり、被害者の流血を見て驚いてやめた場合は、自己の意思でやめたとはいえないことになる。また、犯罪の実行行為を完了して、放置しておけば結果が発生するようになった後は、自ら結果の発生を防止するように誠実に努力し、結果を防止しなければ、中止犯にはならない。放火後に、「放火したからよろしく頼む」と依頼して逃げたり**（大判 昭12・6・5）**、近隣の者の消火活動に協力したというだけ**（大判 昭2・10・25）**では中止未遂にならず、通常の未遂である。中止未遂にならない通常の未遂は、**障害未遂**とよばれている。

5 不能犯

結果の発生を目的とする行為がなされたが、その結果が発生しなかった場合の中には、たまたま結果が発生しなかったのではなく、**その行為からその結果を発生させることが、もともと不可能**だという場合もある。たとえば、ワラ人形に釘を打って、人が死ぬことを祈る丑の刻参りのような行為がそれで、このような場合を**不能犯**という。不能犯は、**構成要件的結果発生の現実的危険性がないから処罰する必要はない**とされ、未遂犯にはならない。これは未遂犯の理論的にも当然のことで、構成要件的結果発生の現実的危険性がないということは、先に説明した**「実行の着手」が認められないのだから、未遂犯になりようがない**のである。

未遂犯と不能犯の区別は、構成要件的結果発生が現実的に可能かどうか**（構成的結果発生の現実的危険性の有無）**によるが、その判断の基準をどこに求めるかについては、意見が対立している。行為者が可能だと思っていれば未遂犯だとする説**（主観説）**は、不能犯を認めないのと同じことになる。著しい無知に基づいて可能だと思った場合は不能犯だとする説**（抽象的危険説）**は、祈りで人を殺せると思った場合や、砂糖水を飲ませて人を殺せると思った場合に不能犯を認める。その手段で、その客体に対しては絶対に結果が発生しない場合には不能犯だとする説**（客観的危険説）**は、毒薬を飲ませたが致死量に達していなかったという場合や、焼死させようと思って放火したが誰もいなかったという場合にも不能犯を認める。

このようにいろいろな説が主張されているが、**行為の具体的状況から判断して、一般人は結果が発生する危険があると考える場合が未遂犯で、そうでない場合が不能犯であるとする説（具体的危険説）**が多数説である。この説は、未遂犯か不能犯かの区別の問題は構成要件該当性の問題であり、構成要件は**社会通念上**違法かつ有責とされる行為を類型化したものであるため、その該当性を判断するにあたっては、**社会通念、つまり一般人の観点**から行為の危険性を判断するのが妥当であるという考え方に基づくものである。

たとえば、交番の警官からピストルを奪い、通行人に向けて引き金を引いたところ、銃弾が装填されていなかったというような場合、警官が所持するピストルには銃弾が装填されているのが通常であるため、具体的危険説からは一般人は結果が発生する危険があると考えることから、殺人未遂罪の成立を認めることになるのである。

判例は、殺意をもって硫黄を飲ませても、絶対に殺害の結果を生じないから不能犯である**（大判 大6・9・10）**が、殺害するため空気を静脈に注射したが、致死量にはほど遠かったという場合は不能犯ではなく**（最判 昭37・3・23）**、被害者がたまたま何も持っていなかったため、強盗の目的を達することができなかったという場合も不能犯ではない**（大判 大3・7・24）**とする。

6 因果関係

AはBを殺そうとして心臓めがけてピストルを撃ったが、弾丸が外れて左腕に命中し、怪我をしたBは入院した。その夜、火事が起きて病院は全焼し、それに巻き込まれたBは死亡したとしよう。Aは殺人罪の実行行為を行っており、被害者Bの死亡という結果も発生している。したがって、Aは殺人罪の構成要件に該当し、しかも既遂の結果が発生しているようにみえるが、はたしてAは殺人の既遂犯となるのであろうか。

前述したように、実行行為のほかに、一定の結果が発生することが要求される**結果犯**（殺人罪もその一つである）**の構成要件では、犯罪の実行行為があっても結果が発生しなければ**

ば、構成要件該当性を欠き、未遂にとどまることになる。たとえ結果が発生したとしても、それが実行行為と無関係に発生したのなら、やはり未遂にとどまることになる。すなわち、実行行為と結果の間には、因果関係が要求され、因果関係が認められなければ、構成要件該当性が否定されるのである。

では、実行行為と結果とを結びつける**因果関係**とは、どのようなものであろうか。この点、**「その行為がなければ、その結果が発生しなかっただろう」（あれなくばこれなし）**という**条件説**という立場がある。一般的に、あれなくばこれなしの関係を**「条件関係の公式」**（ラテン語ではコンディティオ・シネ・クワ・ノンというため**コンディティオ公式**、あるいは**CSQN公式**とも呼ばれる）という。

条件説の立場によれば、毒殺しようとして毒薬を飲ませたが、薬が効いてくる前に別の誰かがピストルで射殺したという場合には、毒薬を飲ませなければ射殺されなかったとはいえないから、条件関係がなく、したがって因果関係が否定されて未遂になる。しかし、先にあげた例の場合には、ピストルで撃たれなければ入院することはなく、入院していなければ火事にあって焼死することもなかったのであるから、条件関係があり、したがって因果関係が認められ殺人罪になる。過失によって人にすり傷を負わせたところ、その治療にあたった医師が薬を間違えて劇薬を与えたため死亡したという場合も、すり傷を負わせたことと死亡との間に因果関係が認められ、死亡の結果についても責任を問われることになる。

　このように、条件説からは、行為者に過大な責任を負わせがちになる。たしかに、**刑法上の因果関係を議論する前提として、自然的因果関係である条件関係の有無を問うことは必要**であろう。しかし、条件関係のみを持って因果関係ありとするならば、たとえば殺人者が用いたナイフを製造した者にまで因果関係が認められることにもなりかねず、因果関係が無限に拡散しかねない。それでは、構成要件の持つ、犯罪・非犯罪区別機能が事実上意味を失ってしまうため、条件説をそのまま受け入れることはできないのである。

　刑法上の因果関係は、自然的因果関係そのものではなく、あくまで法的観点からみた因果関係であるべきである。**因果関係は構成要件該当性の問題であり、構成要件は社会通念上違法とされる行為を類型化したものである以上、因果関係の有無の判断も社会通念を基礎として行われるべき**であろう。

　このような趣旨から提唱されるようになったのが、**相当因果関係説**であり、現在の通説となっている。相当因果関係説は、条件関係があるだけでは足りず、**その行為からその結果が発生することが経験上通常**（「稀有ではない」ということ）**である場合に因果関係を認める**べきであるとする。この説によれば、行為と結果に条件関係がない場合はもちろんのこと、条件関係がある場合でも、その行為からその結果が発生することが通常でなければ、因果関係は否定されることになる。最初にあげた例についていえば、ピストルで撃つという行為から、火事にあって焼死するという結果が発生することは経験上通常であるとはいえないから、因果関係は否定されるのである（Aは殺人未遂罪にとどまることになる）。

しかし、従来の判例は条件説によっているとみられるものが多く、医師の治療方法が悪かったために被害者が死亡した場合 **（大判 大12・5・26）** や、被害者の脳あるいは心臓に異常があったため、軽い暴行で死亡してしまったという場合 **（最判 昭25・3・31、最判 昭36・11・21）** についても因果関係を肯定している。もっとも、Aの運転する自動車がBと衝突して、Bを自動車の屋根にはねあげたまま走行中、自動車に同乗していたCがそれに気づいて引きずり落とし、Bを死亡させたという事件では、Aの行為とBの死亡との間の因果関係を否定し **（最判 昭42・10・24）**、また、相当因果関係説によるような態度を示したものがある。

このように、**判例**は基本的に**条件説的立場**をとり、**学説**の通説は**相当因果関係説**に立つという状況が長らく続いてきた。入門段階ではここまで理解しておけば十分ともいえるのだが、ある最高裁判例の登場によって、因果関係をめぐる議論の状況に大きな変化が生じつつあるので、参考までにその判例を紹介し、解説を加えておこう。

AはBを第一の現場で、洗面器や皮バンドを使ってBの頭部を何度も殴打し、Bに内因性の脳内出血を生じさせて意識喪失状態に追い込んだ後、自動車でBを第二現場まで運び、そのまま放置して立ち去った。Bは翌朝未明に脳内出血が原因で死亡したのだが、問題は死亡までの間に、Bは第二現場で何者かによって角材で頭部を多数回殴打されていたことである。この殴打によって、すでに生じていた脳内出血が拡大し、死期を早めるものであったことが確認されている。

相当因果関係説の立場からは、第一現場での暴行と、Bの死との間に、第二現場での暴行が介在することは、経験則上、普通はありえないため、法的因果関係を否定することになるはずである。しかし、最高裁の結論は、Aの暴行とBの死との間に因果関係を肯定し、Aに傷害致死罪**（刑法第205条）**の成立を認めた**（最決 平2・11・20）**。

この結論自体には、異議を唱えるものも少なかったため、相当因果関係説を支持する通説側は、自らの説の見直しを迫られるようになったのである。これがいわゆる**「相当因果関係説の危機」**とよばれる問題なのである。学説は相当因果関係説を修正して対応しようとする立場と、新たな理論的枠組を用いて判例を説明しようとする立場に分かれているが、ここでは後者の立場について触れておこう。

後者の新たな理論的枠組とは、**「危険の現実化」**とよばれる考え方である。**これは、因果関係とは、実行行為の有する危険性が現実化して、結果に結びついたかどうかを認定する概念だという考え方**を基本とする立場である。実行の着手の説明の際に、構成要件的結果発生の現実的危険性を有する行為が行われた時に、実行の着手を認めるとしたが、たとえるなら、この危険性が川の源流のように流れ出て、そのまま結果という海までたどりついた場合が、因果関係ありとする考え方なのである。この川の名をXとしよう。もし、このX川が別の大河Yと合流し、その大河Yの水の勢いの方が圧倒的に強かったらどうだろうか。最終的に海に注いだ時点の川の名は、X川といわず、Y川とよばれるはずである。**「危険の現実化」**は、これと同様の発想をし、途中に介在した事情の異常度**（介在事情の異常度）**が少なければ、実行行為の危険性が結果まで結びついたとして法的因果関係を認め、介在事情の異常度が高ければ、実行行為の有する危険性は結果に結びつかないものとして、法的因果関係を認めないのである。いいかえるなら、前者の場合は、**実行行為に結果発生の決定的な原因がある場合**であり、後者の場合は、実行行為ではなく、それ以外の行為によって結果発生の原因がつくられた場合といえよう。このように、**実行行為が結果発生に与える寄与度によって、因果関係を判断する考え方**が、現在有力に主張されているのである。

このように、因果関係に関する判例も学説も動きつつあるのが現状であるが、まず知っておいてほしい基本は、**刑法上の因果関係は、単なる事実的な因果関係ではなく、法的因果関係である**ということである。

5 不作為犯

1 不作為犯の種類

一般に犯罪は、人を殺したり、他人の財物を盗んだりという積極的な行為によって実現される。これを**「作為犯」**という。しかし、ある一定の行為をしないことによって、犯罪が実現される場合もある。これを**「不作為犯」**という。

不作為犯は、**「真正不作為犯」**と**「不真正不作為犯」**とに分けられる。**真正不作為犯**とは、法律自身が明文で不作為を犯罪とすることを定めたものである。たとえば、「老年者、幼年者、身体障害者又は病者を保護する責任のある者が、その生存に必要な保護をしなかったとき」に成立する保護責任者遺棄罪**（刑法第２１８条）**や「正当な理由がないのに、要求を受けたにもかかわらず」人の住居等から「退去しなかった」ときに成立する不退去罪**（刑法第１３０条）**などである。

これに対して、**不真正不作為犯**とは、**作為犯の形式で規定されている構成要件を、不作為によって実現する犯罪**をいう。「殺した」と作為犯の形式で定められている殺人罪の構成要件を、母親が乳児に授乳しないという不作為によって乳児を死なせることで実現したような場合がその例である。

問題は、不真正不作為犯が作為の形式で構成要件が定められているので、不作為がその構成要件に該当する行為、すなわち**実行行為といえるか**ということである。たとえば、通行人Xは、子供Aが川で溺れそうになっているのに気づきながら、これを放置して立ち去ってしまった。その結果、Aが溺死してしまった。この場合に、殺人罪の不真正不作為犯が問題となる。これを積極的にXから子供Aを川に突き落として溺死させた作為犯の場合と同視していいのかという疑問が生じてくるのである。つまり、不真正不作為犯には、作為の場合と同視できるほど、その犯罪の実行行為と評価できる不作為だけが処罰されるべきだからである。これを**作為との同価値性の問題**という。

水に溺れかかっている子供Aの場合、仮にその場に保護者や警察官が居合わせた場合には、Aを救助する法的義務があるため、泳げるのに救助しないという不作為は、作為と同視できるだけの事情ありといえるだろう、しかし、単なる通行人にまで、救助義務を認めることはできず、この場合には不作為犯は成立しないことになる。

2 不作為犯の因果関係

不真正不作為犯については、**不作為と結果発生との間の因果関係**ということが、かつて中心の問題となって盛んに論議された。それは、不作為とは文字どおり何もしないということであると素朴に考えると、何もしない（「無」）ことからどうして死亡という結果（「有」）が発生したといえるのか、無から有は生じないはずなのに、無から有が生まれてしまうという疑問があったからである。

しかし、現在では、不作為犯の因果関係については、単なる無を因果関係の起点と考えるのではなく、**「法によって期待された一定の行為をしないこと」、という規範的評価を起点ととらえる**ことで、問題に一応の理論的解決を見ている。

つまり、作為犯では「あれなければ、これなし」あるいは「当該行為をしなければ、当該結果が生じなかったであろう」という関係を基礎に因果関係を考えるのに対し、不作為犯では**「期待された行為がなされたならば、当該結果が生じなかったであろう」**という関係が存在すれば因果関係があるとするのである。

3 因果関係の証明の程度

不作為にも因果関係が認められるとすると、その判断方法も基本的に作為と同じであるとされ、その立証方法は、**「合理的な疑いを超える程度」**になされなければならない。

では、「合理的な疑いを超える程度」の立証方法とはどのようなものをいうのか。作為犯の場合は、「ある行為をしなければ100パーセント結果が発生しなかった」ということを立証しなければ因果関係は認められないが、その立証は容易である。たとえば、ナイフによる殺人の場合、ナイフを左胸に突き立てなければ、被害者は死ななかったという判断は明確に下すことができる。

これに対して、不作為犯の場合は、「期待された行為がなされたら100パーセント結果が発生しなかった」ということを立証することはかなり難しい。作為犯と異なり、不作為犯の場合には「期待された行為」という**仮定的判断が入り込む**から、期待された行為の内容が規範的である。

このような場合に100パーセント確実に結果を防止できたことの立証を要求すると、不作為犯の成立範囲を著しく限定してしまうことになり、法益保護が図れないことになるのである。

もっとも、**刑法**の自由保障機能の調和を図る必要もある。したがって、**不作為犯においては**、100パーセント確実に結果が防止できたことまで説明は不要であるが、**十中八、九結果の防止が可能であったことの立証が必要**であると考えられる。この点につき、判例は、被告人らが、注射された覚醒剤により錯乱状態に陥った被害者の少女をホテルの客室に放置したために急性心不全のため死亡した事案について、「錯乱状態に陥った時点で直ちに被告人が救急医療を要請していれば、同女が年若く（当時13歳）生命力が旺盛で特段の疾病がなかった」ことなどから、「十中八、九同女の救命が可能であったとすると同女の救命は合理的な疑いを超える程度に確実であった」として、被害者を放置した行為と急性心不全のため死亡した結果との間に刑法上の因果関係を認めている（**最決 平元・12・15**）。

4　不真正不作為犯と罪刑法定主義

ところで、作為の形で規定する条文を使って不作為を処置するというのは、**類推解釈**ではないのかという疑問が生じる。もしそうだとすると、**不真正不作為犯は罪刑法定主義に違反する**ことになるから、処罰ができないのではないかという疑問である。この点につき、**規範**には**「禁止規範」**と**「命令規範」**があることから考えなければならない。規範とは、簡単にいえばルールのことである。このルールには「〜をするな」というルールと「〜せよ」というルールがある。

前者を禁止規範といい、後者を命令規範という。**禁止規範に違反するのが作為犯**である。たとえば、人をナイフで刺すな、人に毒を飲ませるな、というのがその例である。

これに対して**命令規範に違反するのが不作為犯**である。不真正不作為犯の成立が問題となる、殺人罪や保護責任者遺棄致死罪の**保護法益は「人の生命」**であり、そのため「人命を尊重せよ」という規範が条文には含まれている。そして、人命を尊重せよという規範は、禁止規範と命令規範、両者を含むものと解される。「人を殺すな」という禁止だけでなく、「人が死なないようにせよ」という命令・禁止も含まれているのである。そのため、**不作為の形で命令規範に違反することも**、殺人罪や保護責任者遺棄致死罪は**立法の段階で当然予想するところであると**解されるのである。したがって、**不真正不作為犯を処罰しても、罪刑法定主義には反しない**ということになる。

ただし、無制限に不真正不作為犯の成立を認めることは、結果として法律の根拠なく無制限に刑罰を科すことにもつながりかねず、罪刑法定主義の観点から問題がある。類推解釈の禁止に反するという疑問をクリアしたとしても、明確性の要件に反するのではないかという疑問も残るところである。そこで、後述するように、不真正不作為犯をいかなる場合に認めるべきか、その成立要件を厳格に確定しておかなければならないのである。

5 不真正不作為犯の実行行為性

不真正不作為犯の問題は、**実行行為性の問題**だと、今日では理解されている。すなわち、**作為犯における実行行為と同価値と評価できる不作為のみに、実行行為性を肯定するの**である**（作為と不作為の同（等）価値性）**。

いかなる場合に、同価値と評価できるかといえば、**作為犯の構成要件が予定する構成要**

件的結果（法益侵害）の現実的危険性と同程度の危険性が、不作為犯においても認められる場合である。より具体的には、**不作為が当該構成要件の要求する作為義務に違反すること**が求められるのである。この作為義務違反は、ある構成要件的結果発生の現実的危険性が存在する状況において、結果発生を防止すべき特別の義務（作為義務）を有する**保証人（保証者）**が、その保証人的義務を尽くすことが可能であったのに、それを怠った場合に、認められるものである（**保証人説**）。

たとえば、「母親が乳児に授乳しない」という不作為も、乳児の死という殺人罪の構成要件が定める結果発生の現実的危険性を有する行為である。そして、母親は結果発生を防止すべき作為義務を有する保証人であり（その根拠は親の子に対する監護義務（**民法第820条**）に求められる）、母乳であれ粉ミルクであれ、乳児に対して必要な栄養を与えることは可能であったのにそれを怠った以上、母親の不作為にも実行行為性を肯定しうるのは当然といえよう。

6 不真正不作為犯の成立要件

不真正不作為犯の成立要件をまとめると、⑴**「作為義務の存在」**、⑵**「作為の可能性」**、⑶**「作為と不作為の同（等）価値性」**、ということになる。

⑴ 作為義務の存在

不真正不作為犯の成立要件としては、まず、作為義務が存在することが必要であることは前述した。前述の保証者説からは、結果発生を防止すべき特別の地位である者に作為義務が認められることになるが、問題は、その作為義務がいかなる根拠から認められるかである。この**作為義務の発生根拠**は、大きく分けて三つのものがあるとされている。

まず第1が、**「法令の規定に基づく場合」**である。民法上の夫婦の扶助義務**（民法第752条）**や、親権者の子に対する監護義務**（民法第820条）**などがこれにあたる。第2は、**「法律行為に基づく場合」**である。契約や、事務管理といった法律行為によって、作為義務が認められることになる。たとえば、ベビーシッターのような、子どもの面倒をみる契約を結んだりするのも、この場合の例である。第3に、**「慣習または条理に基づく場合」**である。これは、個々具体的な場合に認められるため、様々なものがあるが、大別すると、①**先行行為**によるもの、②**管理者の地位**に基づくもの、③**信義則上**認められるもの、④**慣習上**認められるもの、などになる。①の先行行為による作為義務とは、自己の行為（先行行為）によって、結果発生の危険を生じさせた場合には、その結果発生防止の責任を負うという義務である。②の管理者の地位に基づく作為義務とは、たとえば、自己の所有する建物で火災が発生した場合、管理者である所有者は消火活動を行ったり、消防署に通報したりするなどの作為義務を負うといったような場合である。

(2) 作為の可能性

たとえば、自分の子どもが川で溺れかけているのを見つけた父親がいたとしよう。(1)で見たように、父親には法令により、子どもを救助すべき作為義務が生じることになる。しかし、父親が泳ぐことができないような場合はどうだろう。**法は不可能を強いるものではない**以上、このような場合にまで作為義務違反を肯定することは不当な結論となる。そこで、作為義務の成立要件として、**「作為の可能性」**を求めることにしたのである。これにより作為義務は、抽象的・一般的なレベルではなく、**具体的な事情を考慮**して要求されることになるのである。

(3) 作為と不作為の同（等）価値性

不真正不作為犯が成立するためには、①作為義務の存在・②作為の可能性に加えて、作為義務違反の不作為が、当該構成要件に該当する**作為と、法的に同価値（当価値）**であるといえるようなものでなければならない。消極的な行為である不作為を、積極的な行為である作為と同視しうるだけの強さを、要件として求めるのである。

たとえば、通行人を過失ではねてしまった自動車のドライバーに、不作為の殺人罪の罪を問うためには、ただ単に「救助しない」という不作為のみをもってしては、故意をもって作為で被害者を殺す行為と同価値と評価することはできないのである。

先ほどの例で、自動車のドライバーが被害者である通行人を病院に連れて行くため、いったんは車内に運び入れたものの、病院に行けば逮捕されることを恐れて、しばらく走行した後に、道路脇の草むらに被害者を放置して逃げ、結果として被害者は死亡したというような場合はどうだろうか。このようなケースでは、a自動車運転中に誤って人をはねるという**先行行為**があり、b被害者を車に乗せるという保護法益に関する事実上の引き受けがあり、さらにc被害者の救助がドライバーのみに委ねられたという**排他的支配領域性**が認められることから、作為による殺人と同価値といえるだけの、結果発生の危険性が認められることになるのである。

7 不真正不作為犯の主観面

不真正不作為犯を認める際に、特に行為者の主観面を要件として強調する立場がある。判例には、放火罪に関して、**「既発の火力を利用する意思」**や**「既発の危険を利用する意思」**を要件として、不真正不作為犯を認めたものがあるが、通説は不真正不作為犯の主観面は、**通常の故意をもって足りる**ものと解している。

6 間接正犯

1 意義

間接正犯とは、**他人を道具として利用することによって犯罪を実現する場合**をいう。直接自らの手で犯罪を実現する**直接正犯**と区別される。

たとえば、医師Aが毒薬であることを隠して、あたかも通常の注射薬のように装い、事情を知らない看護師Bに渡し、患者Cにこれを注射して死亡するに至らせたような場合である。たしかに、患者Cの死亡という結果に直結する行為を行ったのは看護師Bであるが、Bは毒薬を注射するという認識を一切有しておらず、また、医師Aの指示にしたがって医療行為を行うのが当然であるといえる。したがって、Bはいわば道具のようなものであるから、看護師の行為を強く支配し、道具のように扱った医師の利用行為が、医師自らの手で患者に毒薬を注射したことと、**実行行為性において同様のもの**と評価できる**（道具理論）**。よって、医師Aは殺人罪の間接正犯として殺人罪**（刑法第199条）**が適用されることになるのである。

2 間接正犯の成立要件

間接正犯は、他人を道具として利用し犯罪を実現する場合であり、**自己の意思によって一方的に他人を支配・利用し犯罪を実現する場合**であるといえる。したがって、間接正犯が成立するためには、行為者の利用行為と被利用者の行為とが間接正犯の意思によって統一され、全体として行為者の実行行為と認められる事実がなければならない。そうすると、間接正犯が成立するためには、以下の要件が必要となる。

(1) 主観的要件

行為者は、故意のほかに**他人を道具として利用しながら自己の犯罪を実現する意思**を有していること。

(2) 客観的要件

行為者が、**被利用者の行為を道具のように一方的に支配・利用し、被利用者の行為を通じて実行行為の全部又は一部**を行っていること。

3 間接正犯の実行の着手時期

間接正犯の実行行為においては、どの時点において実行の着手を認めるかという問題がある。

(1) 利用者標準説

利用者が被利用者を利用する行為を、実行行為の着手とする説（前例でいうと、医師が看護師に注射器を渡したとき）。

(2) 被利用者標準説

被利用者の犯罪行為開始の時期を、実行の着手とする説（前例でいうと、看護師が患者に注射しようとしたとき）。

利用者標準説によれば、看護師に注射器を渡すことをもって殺人の実行行為と考える。**正犯とは実行行為を行うものである以上、実行の着手も正犯、すなわち利用者を基準に考えるべきという考え方**がその背後にある。しかし、この説に立つと、**着手時期が早まりすぎてしまい**、看護師（被利用者）が医師から注射器を受け取った後、何らかの事情で行為に及ばなかったような場合にも、殺人未遂罪になってしまうことになる。

一方、被利用者標準説は、**「構成要件的結果発生（法益侵害）の現実的危険性が発生したとき」を実行の着手時期と解する通説の立場**を背景に、看護師が患者に対してまさに注射をしようとしたその段階と捉える考え方であり、現在の**通説的見解**である。このように解したとしても、利用者は自らの意思に基づいて被利用者を**行為支配**していると認められるから、これを根拠に被利用者の行為も利用者の行為であると考えれば、実行行為の時期を被利用者の行為の開始時期とすることについて、何ら不都合はないといえる。

第五章

違法性

Gnothi seauton
汝自身を 知れ

Cogito ergo sum
我想う 故に我あり

1 違法性阻却とは何か

刑法は、理由もなく一定の行為を犯罪として規定しているのではない。社会生活上**「悪い」**とされる行為のなかから、処罰する必要性のある行為をとりだし、犯罪として規定しているのである。

したがって、ある行為が**刑法**の規定している犯罪構成要件に該当すれば、通常、その行為は社会生活上「悪い」行為、すなわち違法な行為だといえる。**構成要件は社会通念上違法かつ有責な行為を類型化したものであるため、構成要件に該当すれば、違法性を有することが推定される**ことになる。これを構成要件の**違法性推定機能**という。

火のない所に煙は立たないという。たとえば、隣家の方から猛烈な煙が漂ってくれば、取り敢えずは火事を疑ってみるだろう。ここでいう煙が構成要件該当性であり、火事が違法性ということになる。つまり、猛烈な煙を見たら、火事を推定するように、構成要件該当性があれば、ひとまず違法性が推定されるわけである。

とはいえ、煙があれば必ず火事が発生しているというわけではない。煙の元をたどって、隣家の庭をのぞいてみたら、隣家の主人が庭で廃材を燃やしていたような場合はどうだろう。この場合、火事は発生していないが煙は発生している。この例を**刑法**に戻して考えると、構成要件該当性はあっても、違法性は存在しない場合ということになる。

はたしてそのような場合があるかといえば、医師の外科手術やボクシングの試合で相手を殴ることを例に考えてみればわかるだろう。医師が患者の身体にメスをいれることや、ボクサーが対戦相手の顔面にパンチを打ち込み、鼻血を出させたような場合、「人の身体を傷害した」という傷害罪の構成要件に該当している**（刑法第２０４条）**。しかし、医師の外科手術や競技としてのボクシングは社会生活上「悪い」とされる行為であろうか。そうではあるまい。たとえ傷害罪の構成要件に該当したとしても、医師の外科手術やボクシングの試合を違法な行為ということはできない。このように、構成要件該当性が認められても違法ではないとする判断を、**違法性阻却**という。

違法性が阻却される場合として、**刑法**は、**「正当業務行為」**・**「正当防衛」**・**「緊急避難」**の三つを規定しており、これらは違法性阻却事由とよばれている。また、この三つの場合以外でも、社会的にみて相当な行為はやはり違法性が阻却されるものとされ、**超法規的違法阻却**といわれている。

2 違法性とは何か

1 形式的違法性論と実質的違法性論

違法性とは何かについて、**「形式的違法性論」**と**「実質的違法性論」**という二つの考え方がある。

前者は、**行為が形式的に刑法に違反することを**「違法」とする見解である。たしかに刑法に違反すれば「違法」ではあるが、それのみでは違法性とは何かという実質については何ら明らかにされていない。そこで、**行為が実質的に刑法に違反することが**「違法」であるという**実質的違法性論**が生まれたのである。

両者は必ずしも矛盾対立するものではないが、実質的違法性論からは、**刑法**に形式的に違反しているように見えても、実質的に違法性を阻却する場合である**超法規的違法性阻却事由**が認められることになる。

では、違法性の「実質」とは何かであるが、この点については、⑴**社会倫理規範に違反することを**違法性の実質としてとらえる**規範違反説**と、⑵**刑法が保護しようとする利益（法益）の侵害、およびその危険**ととらえる**法益侵害説**との対立が見られる。基本的には、刑罰という厳しい制裁を用いてまで守らなければならない法益を侵害することが違法であると解するべきであるが、法益の保護を通じて、社会倫理秩序が保たれている面が存在するのも事実である。

2 主観的違法論と客観的違法論

違法性に関する問題では、さらに、**刑法**に違反するとはどのような形で違反するものなのかについても対立がある。一つの立場は**「主観的違法論」**という立場で、刑法は人々に対して何かを命じたり、禁止したりするものであり、その命令や禁止に違反することを違法と考えるものである。この立場からは、命令・禁止が理解できる能力（責任能力）がないものには違法は考えられないことになる。しかし、これでは、前に説明した刑法の三分説のうち、違法と責任の区別がつかなくなってしまうという問題があり、現在では支持されていない。

そのため、現在の**通説的見解**となっているのが、もう一つの立場である**「客観的違法論」**である。これは、発生した**客観的結果**（法益侵害およびその危険性）**に対して、刑法が否定的評価をすることを違法と考える立場**であり、この立場からは責任無能力者にも当然違法行為が認められることになる。

この客観的違法論からは、**「違法は客観的に、責任は主観的に」**という標語が唱えられることになるが、客観的違法性論の内部でも、違法性の判断対象は客観的なものに尽きるのか、それとも行為者の主観面も考慮に入れるのかについて争いがある。

3「行為無価値論」と「結果無価値論」

違法性の本質に関して、大きく争われているのが、**「行為無価値論」**と**「結果無価値論」**の対立である。これは、違法とは何に対して悪いという評価を下すのか、ということに対する争いである。悪いという否定的評価を、価値に反するという意味で**「無価値」**と刑法学上はよんでいる。この「無価値」とはちょっとわかりにくい表現である。これはドイツ語の直訳なので、こんな表現になってしまうのである。「価値がない」というように考えてしまうと訳がわからなくなってしまうので、これは「悪い」くらいの意味に置き換えて理解するのがよいと思う。

行為無価値論は、「行為」が無価値であるから、違法と評価する立場であり、行為者の行為が社会相当性を逸脱するという行為の無価値性を本質とする立場（行為態様「動機、目的、行為」が悪いから違法なのだ）である。**結果無価値論**は、「結果」が無価値であるから違法と評価する立場であり、法益に対して侵害もしくは危険が及んだか否かを違法性の基準とする立場（結果が悪いから違法なのだ）をいう。もう少し別の言葉で説明しよう。違法性の判断に行為者の主観面を取り込むのが「行為無価値」で、これに対して違法性の判断に行為者の主観面を取り込まないのが「結果無価値」である。

これを、もっとかみ砕いて説明するとこうなる。実は、日常でもこのことはよく使われている事柄なのである。たとえば、「そういうつもりだったとしても、結果が良くなければ意味がない」と言ったり、一方、「結果は良くなかったけれど、そういうつもりだったのなら、まあ、仕方がないか」という言い方をすることがある。

前者は「結果」を見て判断しているので、結果無価値論的な考え方であるのに対して、後者は「行為」を見て判断しているので、行為無価値論的な考え方が表れているのである。

「行為無価値論」と「結果無価値論」の議論は、違法性の本質をどう考えるかという問題であり、刑法理論全体の議論でもあるのである。

両者の違いは、違法という評価をするにあたって、主観的要素、つまり行為者の内心を含めて評価するか、それとも客観的要素のみで評価するかという点に存在する。現在のわが国においては、行為者の内心のみをもって違法評価の対象とする、純粋な行為無価値論は存在しない。結果無価値論における**「結果」**とは、**法益侵害とその危険**のことであり、法益侵害とその危険を違法評価の対象とする点では見解は一致している。

問題は、違法性の本質が結果無価値に尽きる（結果無価値論）のか、行為の無価値もあわせて考えるべきなのかにあるのである。従来の通説は、行為に対する無価値と、結果に対する無価値の両方を考慮して、違法かどうかを判断するものであり**（二元的行為無価値論）**、判例もこれに近い立場をとっているとされる。

ここで、結果無価値と行為無価値の違いを次の事例で見てみよう。

今、Bは保険金詐取の目的で、承諾を得てAの車に追突しAに傷害を負わせたとしよう。

この場合、Bの行為は傷害罪になるのかということである。結果無価値論によれば、傷害罪にはならないということになる。そもそも結果無価値論は、法益に対し侵害もしくは危険が及んだか否かを違法性の判断基準とする考え方である。

ここで、保護法益について説明しておこう。

これは、たとえば殺人罪であれば「生命・身体の安全」が保護されている。あるいは、窃盗罪であれば「私有財産を脅かされない安全」が保護されている。このように、法律によって保護されている利益を**保護法益**という。そうすると、前述の事例では、保険金詐取の目的で承諾を得て被害者Aの車に衝突したものであるから、Aには保護すべき法益がないことになる。したがって、Bの行為は傷害罪にはならない。では、Bの行為は無罪になるのか。Bは無罪にはならない。なぜかと言えば、Bが保険会社から保険金を詐取したからである。Bの行為は詐欺罪になる。つまり、追突してあげるという形でBの詐欺罪に協力したAは詐欺の従犯になるのである。Aは保険会社の法益を侵害しているからである。従犯については、共犯の箇所で勉強する。これに対し行為無価値論は、行為者の行為が社会相当性を逸脱するから、あるいは社会論理に反するから違法だとする考え方である。この立場によれば、Bの行為は傷害罪が成立することになる。

もう一つ例をあげよう。

今、AがBを射殺しようとBに銃口を向けてきたので、Bが自分の身を守るために近くにあった花瓶でAを殴りつけて死亡させた場合、Bの行為は殺人罪**（刑法第199条）**の構成要件に該当するが、正当防衛**（同第36条第1項）**が成立し、違法性が阻却される。

では、BがAを故意に射殺したところ、実はAもまたBを射殺しようとして銃を構えていたが、Bはそのことに気がつかなかったという場合はどうだろうか（本事例では、BはAが自分を射殺するために銃を構えていたことを知らないで、偶然に防衛する形になっており、これを**偶然防衛**という）。結果無価値論の立場からは、Bの行為は自分の身を守る正当防衛の形になったのだから、Aには保護すべき法益はなく、したがってAを死亡させても正当防衛が成立し、犯罪不成立となる。他方、行為無価値論の立場からは、Bの行為に正当防衛が成立するためには、行為の時点でBに**正当防衛の意思**（自己の身を守るための意思）がなければならず、本件ではBには単純にAを殺す故意しかないから、正当防衛は成立しない。殺人罪が成立する。偶然防衛の事例については、行為無価値論の結論の方が妥当である。

4 主観的違法要素

通説の立場**（二元的行為無価値論）**からは、行為者の主観面が、違法性の存否や程度に影響を与えることを肯定することになる。違法性に影響を与える主観的要素を**主観的違法要素**といい、(1)目的犯における**「目的」**や、(2)傾向犯における**「主観的傾向」**、(3)表現犯における**「心理的経過・状態」**などがその例とされている。以下、それぞれについて簡単に触れておこう。

まず、(1)の**目的犯**であるが、これは、行為者が犯罪の客観的要素の認識である故意を超えた一定の目的を有している場合に、初めて違法となる犯罪のことをいう。たとえば、**通貨偽造罪（刑法第148条）**には、**「行使の目的」**という言葉が用いられている。これは、本物の通過そっくりの偽造通貨を作るのみでは「行使の目的」が存在せず、違法性を有しないことを意味する。通貨偽造罪における行使とは、**流通に置くこと**を意味するため、たとえば、学校の教師が、社会科の授業の説明用に通貨とそっくりのものを作ったとしても、それは流通に置くためのものではないので、偽造通貨としては処罰されないのである。

もう少しわかりやすくいえば、「本物そっくりなお金を作っているぞ」という意思のみでは違法と評価するに足りず、それを超えた「本物そっくりなお金を作って使ってやるぞ」という意思があって初めて、違法と評価されるということである。この**「超えた」**部分を要求するということから、主観的違法要素は、**主観的超過要素**ともよばれているのである。

次に、(2)の**傾向犯**であるが、この代表的な例として、強制わいせつ罪**（刑法第176条）**

があげられる。強制わいせつ罪として処罰するためには、行為者が自己の行為がわいせつだと認識しているだけでは足りないのである。わいせつ性の認識に加えて、**自己の性欲を満足させる**という**「主観的傾向」**を有してわいせつ行為を行って初めて、処罰の対象となるのである。これについては有名な最高裁判例がある。「婦女を脅迫し裸にして、その立っているところを撮影する行為であっても、これが専らその婦女に報復し、または、これを侮辱し、虐待する目的に出たときは、強要罪その他の罪を構成するのは格別、強制わいせつの罪は成立しない。」**（最判 昭45・1・29）**というものである。もっぱら報復・侮辱・虐待の目的で婦女を脅迫し裸にした場合、わいせつ性の認識はあったとしても、自己の性欲を満足させる意図がないため、強制わいせつ罪は成立しないとされたのである。

(3)の**表現犯**の例としては偽証罪がある。表現犯とは、**行為が行為者の心理的経過・状態の表現と認められる場合に犯罪が成立するもの**である。偽証罪においては、証人の証言が**「自己の記憶に反する」**という心理的経過・状態の表現という主観的要素が満たされて初めて、犯罪の成立が認められることになる。

5 可罰的違法性

違法性を形式的に刑法に違反することだけでなく、実質的観点から考える**実質的違法性論**の立場からは、違法性の程度について問題にすることになり、処罰に値する程度の違法行為のみを刑法上の違法性として取り扱うべきという、**「可罰的違法性論」**という考え方が導かれることになる。これは（超法規的）違法性阻却事由の一つでもあるが、ここで扱うこととする。

この可罰的違法性論に含まれる内容は大きく三つに分けられる。⑴**「絶対的軽微性」**、⑵**「相対的軽微性」**、⑶**「違法の相対性」**である。

まず、⑴の**絶対的軽微性**であるが、これは法益侵害はあっても、その程度が極めて微弱なものである。かつて、煙草を栽培していた者が、専売制度により政府に納めなければならない葉煙草を一枚だけ自分で吸ったことが、旧煙草専売法違反に問われた事件である。この事件で大審院（現在の最高裁判所に相当する）は、「零細なる反法行為」であって、犯人に危険性があると認める特殊な状況が存するわけでもないため、刑罰による制裁を加える必要なしとして無罪の判決を下した。葉煙草一枚は当時の価格で一厘相当であったため**「一厘事件」**とよばれる有名な判決である**（大判 明43・10・11）**。

ただし、近時の最高裁判例では、マジックホン事件において、被害の軽微性を理由とする可罰的違法性の阻却を認めていない**（最決 昭61・6・24）**。

また、**労基法第36条**に定める、時間外労働に関する協定（いわゆる**36協定**）を労働基準監督署に提出せずに、使用者が時間外労働をさせれば、労基法違反となるわけだが、それがごく短い時間のことであって、繰り返し行われるようなことがなければ、可罰的違法性の理論からして、処罰に値するだけの違法性があるとはいえないことになるだろう。

次に⑵の**相対的軽微性**であるが、これは相対立する二つの法益、つまり、その行為によって侵害された法益と、結果として守られた法益を比較し、刑罰を科するに値するだけの違法性が認められないというような類型である。たとえば、ストライキ中の労働組合員が「スト破り」に抵抗し線路上に横たわった場合でも、違法に人の業務を妨害したとはいえないだろう。

最後に⑶の**違法の相対性**は、ある行為が他の法律には違反している場合であっても、刑法上の違法性が認められない場合である。たとえば、野良犬に追いかけられ、必死に逃げた結果、他人の家の柵に体当たりして室内に逃げ込み、難を逃れたような場合、**民法**には違反し、柵の修理その他の損害賠償義務を負うことになるが、刑法においては**緊急避難**として違法性が否定される（**刑法第37条第1項**）。

可罰的違法性の理論は、労働事件をめぐる一連の判例の中で取り扱われることが多かったといえる。

国家公務員法や**地方公務員法**で禁止されている公務員の違法な争議行為について、あおり、そそのかしを組合幹部らが指令等で行ったとしても、直ちに刑事罰の対象となるものではなく、あおり、そそのかしの対象とされた争議行為に強度の違法性があり、かつ、あおり、そそのかし行為それ自体も違法性が強い場合に限って処置できるとしている**（全司法仙台事件　最大判　昭44・4・2）**。同判決はこのような考え方によるものと解される。

もっとも、その後、この判例は、久留米駅事件**（最判　昭48・4・25）**によって変更された。同判決は、違法性阻止事由の一般的基準として、「その行為が争議行為に際して行われたものであるという事実を含めて、当該行為の具体的状況その他諸般の事情を考慮に入れ、それが法秩序全体の見地から許容されるべきものであるか否かを判定しなければならない」と判示した。

このように、**「法秩序全体の見地から許容されるべきものであるか否か」**という基準をとれば、法律上はっきりと争議行為が禁止されている以上、よほどの理由がない限り可罰的違法性は否定されないことになる。これ以降、判例は労働刑法の領域における可罰的違法性論の適用に対し、慎重かつ抑制的な態度をとることになった。しかし、その後、再び最高裁は見解を変更し、旧公労法に違反する争議行為への参加を呼びかけた者の処罰を肯定した**（全逓名古屋中郵事件　最大判　昭52・5・4）**。同判決において、判決は争議行為に関する限り**労働組合法第1条第2項**を適用する余地はないと明示的に変更され、現在に至っている。

確かに、同判決によって解釈は変更された。しかし、変更後の判決も可罰的違法性の考え方自体を否定したものではなく、その具体的事件への適用にあたって厳格な態度を示したものとみるべきであろう。

6 違法性阻却事由

前述したように、構成要件に該当する行為は、違法であるという一応の推定を受ける（**構成要件の違法性推定機能**）。その、違法性の推定をやぶってその行為を違法でないものとする例外的な特別事情を、**違法性阻却事由**という。

刑法は、違法性阻却事由をある程度類型化して、**法令による行為**（**刑法第35条前段**）、**正当業務行為**（**同後段**）、**正当防衛**（**刑法第36条**）、**緊急避難**（**同第37条**）を規定しているが、違法性阻却事由はこれらに尽きるものでなく、解釈によって他にも種々のものが認められる。これらは**超法規的違法性阻却事由**といわれている。今日、認められている非類型的違法性阻却事由をその性質に応じて大きく分けると、**正当行為**と**緊急行為**の二つに分けることができる。

7 正当行為と正当業務行為

⑴ 正当行為

正当行為とは、**刑法第35条**の規定する**「法令又は正当な業務による行為」**のことである。**同第35条**により、違法性が阻却される理由は、「正当な行為」という点から形式的には法文に触れるが、実質的には違法ではない場合のことである。結局、社会常識の見地からは犯罪行為とはいえない場合のことである。正当行為には、**①法令行為、②業務行為、③その他の正当行為**に分けることができる。

犯罪構成要件に該当する行為でも、それが法令に基づいてなされる場合には、違法性が阻却される。たとえば、死刑・自由刑の執行**（刑法第11条ないし第13条、第16条）**、被疑者・被告人の逮捕・勾引・勾留**（刑事訴訟法第58条、第60条、第199条）**、住居内の捜索**（刑事訴訟法第102条）**における公務員の職務執行行為の場合には、それぞれ殺人、逮捕監禁、住居侵入罪の構成要件に該当するけれども、それは違法ではなく、したがって、それらの犯罪を構成することはない。

もっとも、行為が法令に基づく職権行為・権利行為としての体裁をとっていても、職権行使・権利行使の範囲・方法が**社会通念上、一般に許容すべきものと認められる限度を逸脱した場合**には、職権・権利濫用とされ、違法性は阻却されない。つまり、法令に基づく行為が実質的にも違法性を阻却するためには、法令に規定された目的達成に必要な範囲内において、かつ、法令に規定された方法又は社会通念上相当と認められる方法によって行われたといえることが必要である。

(2) 正当業務行為

① 意義

正当業務行為とは、**社会生活上正当と認められる業務に基づく正当な行為**をいう。**「業務」**とは営利的・職業的なものに限らず、広く**社会生活において反復継続して行われる行為**をいい、必ずしも職業である必要はない。正当業務行為が違法性を阻却されるためには、業務の正当性と個々の行為の正当性がなければならない。したがって、「業務」として行われるすべての行為が正当化されるわけではない。たとえば、プロボクサーが業務として行うボクシングであっても、ルールに反する行為によって相手に傷害を負わせたというように、その正当な範囲を超えた場合には違法性の阻却は認められない。

② 医療行為

「医療行為」とは、**患者の治療のために医学上一般に承認されている方法によって人の身体に加える治療行為**をいう。たとえば、医師が正当な医療行為として手術を行う場合、それが傷害罪**（刑法第２０４条）**の構成要件に該当しても違法性が阻却される。違法性が阻却される理由は、治療行為により維持・増進される患者の生命・健康という利益のほうが、それにより侵害される患者の身体的利益よりも優越していると認められるからである。

また、現在は**「患者の自己決定権」**の思想、つまり、自分の身体については患者が自分で判断し、決定することができるという考え方が採られているため、医療行為も、患者の同意があるからこそ許されるということになる。

よって、**医師の医療行為によって違法性が阻却**されるためには、

a **患者が医療行為に対して同意していること**

b 医療行為が患者の生命・健康の維持・回復にとって必要であること**（医学的適応性）**

c 医療行為が医学上認められた医療技術に従って行われること**（医学的正当性）**

の三つが要件として求められるとされている。

患者の同意が医療行為の正当化にとって基本的な要件とされることから、医療行為に対して患者の有効な同意を得るために、病気の内容や医療行為の必要性などについての説明が必要となる。この説明を経た上での同意を**「インフォームド・コンセント（説明ある同意）」**という。たとえば、乳ガンの患者に対し、医師が乳房の切除がどうしても必要だと判断し、その手術の必要性を患者に対して説明したところ、患者が手術を拒否したような場合、医

師は患者の意志に反した医療行為を行うことはできないのである。

8 被害者の承諾

⑴ 意義

正当行為と関係して、大きな議論がなされているのが、**被害者の承諾（同意）**の問題である。被害者の承諾とは、**法益の主体である被害者が自らの法益に対する侵害に同意すること**をいう。明文では規定されていないが、違法性阻却事由の一つとされるものである。

たとえば、AがBの家の庭先に置いてあった鉢植えの花を盗もうとしていたところ、Bが「盗みたければ、どうぞ盗んで下さい」というような場合が、被害者の承諾にあたる。この場合、被害者Bは、財物という法益に対する侵害に承諾しているわけである。このように被害者の承諾がある場合には、原則として**違法性の阻却が認められる。**その理由は、**法益を有している者がそれを承諾によって放棄したため、刑法が保護する法益が存在しなくなるから**である。

この場合、同意の対象となっている法益は、**個人的な法益であることが必要**とされる。なぜなら、社会や国家の法益が侵害されることに対して、個人が同意を与えることはできないからである。したがって、不特定多数の生命・身体・財産の安全が法益となる放火罪のような犯罪については、被害者の同意を認めることができない。被害者の承諾により違法性の阻却が肯定される犯罪は、被害者が放棄することのできる個人的法益に対する罪に限られる。

実際には、個人的法益でも、被害者の承諾によって違法性が阻却される場合は、財産権に限られ、それ以外は、違法性を阻却すべきではないとされている。たとえば、暴力団組織における制裁として人の指を切断するような場合や、過失による自動車事故を装い、保険金をだまし取る目的で、被害者の承諾を得て、車へ故意に事故の車を衝突させて傷害を負わせる場合など、第三者に頼んで自分を傷つけてもらうような場合にまで、被害者の同意を認めるのは妥当ではない、というのがその理由である。

最高裁判例には、甲が、A、B、Cと共謀し、保険金をだまし取るため、Dの車の後部に自分の車を衝突させ、Dの車の前に停車していたA、B、C乗車の車に追突させ、彼らに軽い傷害を負わせたという事案に関するものがある**(最判 昭55・11・13)**。この事案につき、最高裁は、A、B、Cに対する傷害が軽いものであっても、彼らの承諾が保険金をだまし取るという違法な目的に利用するために与えられたものであるから、違法性阻却は認められないと判示した。

いずれにせよ、被害者の承諾により違法性の阻却が肯定される犯罪は、被害者が放棄することのできる個人的法益に対する罪であり、かつ財産権である場合に限られる。被害者の承諾の結果、問題となっている実行行為は構成要件に該当する行為でないと判断されるか、もしくは、構成要件に該当する行為ではあるが、違法性がなくなるとして、罪に問われないことになる。たとえば、他人の住居へ侵入する行為は住居侵入罪**（刑法第130条）**の構成要件に該当する行為であるが、被害者が住居に侵入することに同意を与えているのであれば、同罪の構成要件に該当しないことになる。また、傷害罪については、傷害が与えられることに被害者が同意していれば、違法性が阻却されると解されている。たとえば、手術行為は被害者の身体を傷つけているから、傷害罪の構成要件に該当する行為といえるが、手術を受ける者が同意を与えているから、違法性が阻却され傷害罪が成立しないことになるのである。

⑵ 被害者の承諾の要件

被害者の同意が成立するためには、①**「個人的な法益に関する同意であること」**と②**「承諾が有効なものであること」**の二つの要件が必要である。

① 個人的法益に関する同意であること

この要件が必要とされるのは、たとえば、社会や国家の法益が侵害されることに対して、個人が同意を与えることはできないからである。したがって、不特定多数の生命・身体・財産の安全が法益となっている放火罪のような犯罪について、被害者の同意を認めることはできない。

② 承諾が有効なものであること

被害者の同意が、自らの法益への侵害を許すという重要な結果をもたらすものであるから、その同意は有効なものではなければならないという考えに基づいて求められているものである。したがって、たとえば、幼児や重度の精神障害者の承諾、絶対的強制下でなされた承諾は無効なものとなり、違法性は阻却されないことになる。

③ どこまで被害者の同意を認めるべきか

①、②の要件が満たされた場合であっても、被害者の同意の成立を認めるべきではない。すなわち、違法性を阻却すべきではないといわれている事例がある。たとえば、暴力団組織における制裁として人の指を切断するような場合や、過失による自動車衝突事故のように装って保険金を騙し取る目的で、被害者の承諾を得て車に故意に自己の車を衝突させて傷害を負わせる場合など、第三者に頼んで自分に傷をつけてもらうような場合にまで被害者の同意を認めるのは妥当ではないというのがその理由である。

思うに、**基本的には、被害者自身が法益を放棄していれば、違法性が阻却される**のである。**同意傷害**について、**同意があっても社会的に相当な行為のみ違法性を阻却する**とする**行為無価値論**と、**同意があればすべて違法性が阻却する**とする**結果無価値論**とが対立している。結果無価値論によれば、法益を持っているBが、その法益を放棄しているわけだから、つまり、Bは「俺の車にぶつけて、俺をケガさせろ」と言っているのだから、AはBの身体を害したという傷害罪にはならないのである。すなわち、AはBの法益を侵害していないのである。では、Aは何の罪にも問われないのだろうか。そういうわけにはいかないのである。AはBの保険金詐取の片棒をかついでいるのだから、保険金詐取の従犯になる。これが、結果無価値論の立場である。

これに対し、行為無価値論は、被害者の承諾があっても、その承諾によりなされる行為が社会倫理的観点から許容されない場合は、違法性は阻却されないということである。そうすると、詐取目的でBの車に衝突するAの行為は社会的に不相当であるから、Aのそのような同意は認められないので、Aには傷害罪が成立することになるのである。

このように、被害者の同意をどこまで認めるべきかという問題については、**違法性の本質**をめぐって、行為無価値論の立場に立つか、結果無価値論の立場に立つかによって、その結果が大きく異なるのである。

ところで、問題となるのは、承諾する事項の内容と意味について錯誤がある場合、それに基づいてなされた承諾は無効である。これに対して、判例は、その性質に関係なく、**錯誤に基づいた承諾は一律に無効**であるとしている。たとえば、被告人が自分も一緒に死ぬと相手をだまし、同意させて殺害した偽装心中の事案につき、判例は「動機に錯誤がある承諾は、真意に沿わない重大な瑕疵ある意思に基づくものであるから、無効である」として、殺人罪の成立を認めている**（最判 昭33・11・21）**。

(3) 被害者の承諾時期

被害者の承諾は、行為の時に存在していなければならない。事後に行われた承諾では、違法性の阻却は認められない**（大判 昭11・1・31）**。また、**事前になされた承諾**の場合は、それが行為時まで継続していることが必要である。

代理人によって行われた承諾は有効か無効か。そもそも承諾は、法益主体である。被害者が自ら行うことが必要であるから、**代理人によって与えられた承諾は無効である**。しかし、建物に入ることについて、その建物の管理者から看守を委任された者が与えた承諾は有効である。なぜなら、この場合、承諾を与えた者は単なる代理人ではなく、有効な承諾権限を有しているからである。

(4) 労働関係の具体例に見る被害者の承諾――被害者の承諾と労基法第24条――

被害者の承諾という論点について、**労働関係の割増賃金の放棄**に当てはめて論じてみよう。

賃金の放棄は、**労基法第24条の全額払いの原則に反する**として認められないとするのが一般であるが、放棄が、労働者の自由な意思に基づくことを認めるに足る合理的な事情が客観的に存在すれば、退職金の放棄が賃金の全額払いの原則に違反しないと示した最高裁判例に、**シンガー・ソーイング・メシーン事件（最判 昭48・1・19）**がある。

思うに、**退職金だけでなく賃金の場合も必要性、相当性、目的性等を相互勘案して、放棄が、労働者の自由な意思に基づくことを認めるに足る合理的な事情が客観的に存在すれば、これが許されるものというべき**である。つまり、**賃金の放棄は、労基法第24条（賃金の全額払い）の原則に違反し、構成要件に該当するが、労働者が使用者に対し賃金の放棄の同意を与えていれば、違法性は阻却され、労基法第24条違反は成立しない**ことになる。

ただし、これは、無制限に違法性が阻却されることを許すものではない。違法性が阻却されるためには、労働者が使用者に対して自由な意思に基づく賃金放棄の同意が存在する他に、**賃金放棄の目的の正当性や賃金放棄の必要性、相当性**が認められなければならないのである。

たとえば、会社の経営状態が相当程度悪化しており、各種の経営努力がなされたものの、整理解雇や倒産を回避するには、賃金の放棄しか他に採るべき方法がないというような場合が考えられる。このような場合にまで、法が厳格に適用され、賃金放棄を認めないということになると、それはかえって労働者の働く機会を失わせることになり、労働者保護に欠けることとなる。

したがって、使用者が会社の窮状を労働者に説明したところ、労働者がその事情を斟酌し、自発的に賃金債権を放棄したのであれば、使用者は**労基法第24条**の全額払いの原則に反し、たとえ賃金の一部を支払わなかったとしても、その違法性が阻却されるものと解される。具体的には、「経営悪化で、残業代は出せない」という使用者に対し、労働者が「会社が潰れてしまっては、自分たちも困るので、時間外はボランティアで働かせてもらいます」と自ら申し出るような場合は、**労基法第24条**の労働者の賃金保障という法益に対する侵害を、労働者があらかじめ承諾しているため、違法性が阻却されるものと解される。

ここで、**時間外労働手当の放棄**について、以下の事例をもとに考えたい。

労働基準監督署はA会社（以下、「A社」という）を臨検し、それまで時間外手当が支給されていなかったとして、従業員B（以下、「B」という）への2年間の時間外労働手当の支払いを勧告した。ちなみに、これまでBはA社に対し、一度も時間外労働手当の請求を行ったことはない。

ところで、**労基法第24条**の「賃金全額払いの原則」は**強行法規**であり、原則として同条に反する行為は認められない。また、たとえば臨検後にBに会社の窮状を説明した上で、Bが無給での時間外労働について承諾したとしても、労働させた事後に労働者が手当の放棄を承諾しても違法性は阻却されない。

しかし、このような場合、**推定的承諾**が認められれば、違法性は阻却されるのではないだろうか。「推定的承諾」とは、刑法において被害者は現実には承諾を与えていないが、仮に被害者が事態を認識していたならば、当然に承諾を与えていたであろうと推定される場合をいう。

たとえば、隣人が不在中に、隣家に無断で立ち入れば、通常、住居侵入罪に問われる。しかし、これが隣家から発生した火災を消火するため、無断で立ち入った場合には、推定的承諾が認められるので、違法性が阻却されるのである。なぜなら、他人が自分の家に立ち入ってでも、消火活動をしてもらいたいと欲することは、社会通念上、容易に推定できるからである。

時間外労働手当の放棄に関する本件においても、Bが事態を認識し、承諾を与えていたと推定できれば、違法性は阻却されることが考えられる。本件の場合、BはA社に対し、これまで一度も時間外労働手当の請求をしたことがない。つまり、時間外労働をしていた期間に、いつでもA社に時間外労働手当の請求をすることができたにも関わらず、長年にわたり実際には請求していなかったのである。これは、まさに**労基法第24条**の保護法益である労働者の賃金の保障を自ら放棄したとみなされる。すなわちこの場合、BはA社に対して、時間外労働手当を受け取らない旨の推定的承諾をしているから、違法性が阻却され、**労基法第24条**に違反しないと解されるものである。

一方、**労基法第24条**の違法性阻却事由に関連して、以下の事例について考えたい。

C会社（以下、「C社」という）の従業員D（以下、「D」という）は、社用車を無断で使用した上に、酒気帯び運転の末、車に損害を与えた。これに対しC社は、就業規則に基づいて、本件損害賠償額をDの給料から2年間にわたり月々天引きしたが、本件損害賠償の天引き完了後、DはC社を退職した。そして退職後、Dは労働基準監督署に対して、在職中の時間外労働手当の未払い、そして損害賠償と給料との相殺は**労基法第24条**に違反するとして申告した。そこで、労働基準監督署はC社に対し、2年間遡った時間外手当の支払命令と、損害賠償と給料との相殺は**労基法第24条**に違反する旨の是正勧告を行った。

前述したとおり、強行法規である**労基法第24条**に反する行為は、原則として認められない。しかし、本件の場合、Dは退職前に時間外労働手当の放棄、ならびに損害賠償と給料を相殺することを承諾していたのである。このように、事前に労働者の承諾を得ている場合、前述の推定的承諾と同様に、**労基法第24条**の保護法益である労働者の賃金の保障を放棄したものとみなされる。したがって、当該行為も違法性が阻却され、**労基法第24条**に違反しないと解される。

その他、考えられる例として、労働者には割増賃金の支払いを受けるために時間外労働をしているという意思がなく、とにかく仕事の完成に喜びを感じたり、自己のスキルアップあるいは自己啓発のために、何年にもわたって、外形的には残業をしていたと認められるような時間の過ごし方をしていたケースがあったとしよう。つまりその期間、こうした時間について、労働者はいつでも会社に対し、時間外労働手当を請求することができたにもかかわらず、労働者がこれまで一度もそれをしたようなことがないようなケースのことである。

このような場合、労働者は会社に対して何年も、しようとすればできた時間外労働の請求をしてこなかったのであるから、特段の事由がない限り、これは労働者自身が請求しないことを、その自由な意思で承諾していたものと解される。すなわち、これは労働者自身が**労基法第24条**の保護法益である。労働者の賃金保障たる時間外労働手当を請求しないとする推定的同意を与えているものと解されるものである。そうであるならば、**労基法第24条**の保護法益が存在しなくなり、したがって、使用者の同条における違法性は阻却され、同条違反は成立しないと解される。

ちなみに、考えられる「前述した特段の事情」とは、こうした時間が労基法上の時間外労働である旨、使用者が承知していたにもかかわらず、労働者の無知を奇貨として、**労基法第24条**の割増賃金の支払いを意図的に怠っていたような場合、あるいは、使用者が、前述した同様な事情における時間外労働につき、今後、当該時間につき割増賃金を支払うよう、監督署から再三是正勧告を受けていたにもかかわらず、それを放置していたような場合が想定される。このような場合は、もちろん、労基法違反である。

ただ、**「労働者が帰ろうと思えば帰れる」**状態にありながら、特に使用者から命令を受けること無く会社に残っていたような場合には、**そもそも使用者には時間外労働をさせることに関して、労基法という刑罰法規を適用するに足りるだけの故意が存在せず、労基法違反とはならない**ということを付言しておく。

(5) 推定的承諾

推定的承諾とは、被害者が現実には承諾を与えていないが、もし承諾者が事態を認識していたならば承諾を与えたであろうと推定される場合をいう。たとえば、隣人が不在中に発生した火災を消火するため、彼の家に無断で立ち入る行為、意識不明の重傷者の手術を行う行為などがある。

(6) 自救行為

① 意義

自救行為とは、法律上の手続による救済を求めていては、その時期を失し権利の実現が不可能もしくは困難となる場合には、**私人が実力によって権利の救済の実現をはかること**をいう。たとえば、電車の中で、窃盗にあった自己の所有物を所持している窃盗犯を発見し、下車して法的手続きをとっていては取り戻すことが不可能になるので、直ちにこれを取り戻すような場合である。ところで、このような私人の実力行使を広く認めることは、法秩序に反すると考えられることから、現在のところ、自救行為であることを、根拠として違法性の阻却を認めた最高裁判例は存在しない。

② 成立要件

学説は、かねてから、a**権利が不法に侵害**されたこと、b**自力救済しなければ権利の実現が不能もしくは困難になるような緊急状態**にあること、cその自救行為が**社会的に許容できる範囲内**にあること（つまり過度な乱暴なものではないこと）を、成立要件としてあげている。

なお、自力救済は、緊急行為という点では正当防衛・緊急避難と同じであるが、正当防衛は、法益に対する侵害が現に行われているとき、またはまさに行われようとするときに、これを排除し法益を防衛するために行われるものであるのに対し、**自力救済は、侵害行為または危難が去り、ただその侵害された状態が継続している場合に、その侵害された法益の回復をはかるために行われるもの**である。したがって、正当防衛は現在の法益侵害に対する防衛であり、**自力救済は過去の法益侵害の回復**であるということができる。

9 労働争議

(1) 意義

労働争議行為とは、労働組合の団体交渉その他の行為であって、労働者の地位を向上させ、労働組合を組織し、労働協約を締結するなどの目的を達成するためになされる行為をいう（**労組法第1条**）。

⑵ 労働争議が正当化される理由

憲法第28条は、労働者の団結権、団体交渉権、争議権を保障している。さらに**労働組合法第1条第2項**は、労働組合の団体交渉その他の行為（**争議行為も含まれる**）について、**刑法第35条の適用がある**としている。ここから、労働争議行為は、それが正当なものと認められる限り、仮に、それが業務妨害罪や強要罪、建造物侵入罪等の構成要件に該当するとしても、**刑法第35条**により違法性を阻却されることになる。

問題は、労働争議の際に行われる**実力行使**（暴行・傷害・脅迫・器物損壊・建物損壊・建造物侵入等）**の違法性**である。**労働組合法**でも、団体交渉その他の行為の違法性は阻却されるとしながら「いかなる場合においても暴力の行為は労働組合の正当行為と解釈されてはならない」（**同法第1条第2項但書**）としており、**暴力の行使はいかなる場合であっても違法性が阻却されるものでない**ことを明らかにしている。

3 正当防衛

1 正当防衛の意義

正当防衛とは、**「急迫不正の侵害に対して、自己又は他人の権利を防衛するため、やむを得ずにした行為（刑法第36条第1項）」について、違法性が阻却されること**をいう。**急迫**とは、法益侵害の危険が間近にせまっていることであり、**不正の侵害**とは、違法に他人の法益に実害もしくは危険を与えることである。

たとえば、今、夜道を歩いていた女性会社員Aが、急に路地裏から出てきた男性Bに襲われそうになったので、Aは自分の身を守るためとっさに手持ちのハンドバッグを振り回したところ、ハンドバッグはBの顔面に命中し、その結果Aは、その場を走って逃げて難を逃れた。この場合、Aの行為はBの身体を傷つけたのだから、傷害罪の構成要件に該当することは明らかである。

しかし、夜道で女性に襲いかかる男性Bの行為が急迫不正の侵害であり、ハンドバッグを相手にめがけて振り回した行為が自己の生命・身体という法益を守るための行為であるから、正当防衛が認められ、違法性が阻却されるのである。なお、**自分以外の第三者に対して急迫不正の侵害が加えられた場合**も、正当防衛は認められる。たとえば、Bにナイフで襲われたAを助けるために、CがBに棒で殴りかかり撃退したような場合にも、正当防衛は成立する。

2 正当防衛の成立要件

(1) 急迫不正の侵害があること

「急迫不正の侵害」という要件は、**①急迫性、②不正、③侵害**の三つに分けることができる。

① 急迫性

「急迫」とは、緊急避難における「現在」と同義であり、法益の侵害が現に存在しているか、または間近に迫っていることをいう。したがって、過去の侵害や将来の侵害に対しては急迫性がなく、正当防衛は成立しない。

② 不正

「不正」とは違法のことである。たとえば、AはBにいきなり花瓶で殴りかかられた場合、Bの行為は暴行罪**（刑法第208条）**の構成要件に該当し、違法性阻却事由もないので、違法行為といえる。これに対して、Aが自分の生命身体を守るため、Bの財物である花瓶を手近な棒で叩き割ったような場合、Aの反撃行為は「不正」な侵害に対する反撃として、正当防衛たりうるのである。

他方、Aが、逃げるために無関係の通行人であるCを押し倒した場合、これは「不正」の侵害に向けられた行為ではないから、緊急避難とされる。

すなわち、**不正対正**の関係が**正当防衛**であり、**正対正**の関係が**緊急避難**である。では、AがBの飼い犬に襲いかかられた場合に、Aが自己の身を守るためにその犬を棒で殴って殺してしまった場合は器物損壊罪の構成要件に該当するが、この場合、正当防衛とすべきか、緊急避難とすべきかについて、動物による攻撃が「不正」たりうるかが問題となる。刑法上、動物は「物」として扱われるため、この問題は**「対物防衛」**の問題とよばれる。

この点、違法とは人間の行為に向けられた評価であるとして、対物防衛については「不当な侵害」はないから正当防衛が成立しないとする学説と、正当防衛の要件である違法はあらゆる違法状態として、対物防衛であっても「不正な侵害」があるから正当防衛が成立するとする学説が対立している。

しかし、正当防衛が成立しないとする学説も緊急避難が成立する余地を認めているから、大きな違いはない。

③ 侵害

「侵害」とは、法益に対する実害またはその危険を生じさせる行為をいう。作為・不作為によるとを問わない。作為による侵害が一般的であるが、不作為による侵害に対する正当防衛も考えられる。住居に侵入し、退去しない者を実力で戸外に引きずり出す行為が、その例である**（大阪高判 昭29・4・20）**。これを労働関係に置き換えると、労働基準監督官の立ち入り調査に対し、事業主が当該調査は業務に支障をきたすから後日にして欲しい旨の再三の要請をしたが、監督官が応じなかったため、事業主がやむを得ず監督官を実力で戸外に押し出す行為などが不作為に対する正当防衛の例として考えることができよう。

(2) 自己または他人の権利

正当防衛は、「自己」の権利を防衛するためのみならず、「他人」の権利を防衛するためであっても成立する。なお、ここでいう**「権利」**とは、狭い意味の権利ではなく、**法益**を意味すると解されている。

問題は、国家的・社会的法益を守るための正当防衛が許されるのかどうかということである。正当防衛は本来、個人的法益を防衛するためのものと考えられるが、テロ行為の阻止などといった、ごく例外的な場合には、国家的・社会的な法益を守るための正当防衛も認められる場合があるだろう。

3 防衛するための行為

(1) 必要性

「防衛するための行為」とは、その行為が自己または他人の法益を守るのに役立つことを意味する。つまり、防衛者の反撃が、侵害行為を排除するのに必要であるということである**(必要性の要件)**。侵害行為を排除するのに不要な反撃を正当防衛とする理由はないから、このような要件が求められているのである。

(2) 防衛の意思

正当防衛は、自分または第三者の権利を防衛するための反撃行為に認められる**(刑法第36条第1項)**。ところで、正当防衛が成立するためには、**「防衛するため」**という文言から、行為者の主観面に**防衛の意思**があることが必要かが問題となるのである。この議論は、偶然防衛という問題と密接にかかわっているので、まず、そちらから説明することにする。

偶然防衛とは、防衛の意思がない行為が客観的には正当防衛に該当することをいう。たとえば、AがBを殺そうとしてピストルを撃ったところ、たまたまBもAを殺すためにピストルを発射しようとして引き金に指をかけたところであったが、Aの撃った弾丸が先にBに命中したような場合、正当防衛の要件を充たしていれば、Aには正当防衛が成立し、犯罪が成立しないことになる。

なぜなら、Ａの行為は客観的に見れば、Ｂの急迫・不正の侵害を避けるために必要かつ相当な行為をしているといえるからである。しかし、実質は単に犯罪行為を行ったにすぎない。このような偶然行為を客観的な正当防衛の要件が備わっているからという理由で違法性を阻却して無罪としてしまうのは果たして妥当といえるだろうか。

実際、**偶然防衛は処罰されるべきだという学説が通説**で、その根拠は**「正当防衛が成立するためには、防衛の意思が必要（防衛の意思必要説）」**という考え方である。

① 防衛の意思が必要

ここで、前述の「違法性の本質」で登場した**「行為無価値論」**と**「結果無価値論」**について、今一度考えたい。

「行為無価値論」とは、ある行為が違法であるか否かを判断する際に、「行為」の悪さ、つまり行為者の主観面を重視する考えである。他方、**「結果無価値論」**とは、「結果」の悪さ、つまり法益侵害という客観面を重視するものである。分かりやすく説明しよう。

たとえば、殺人罪の場合、「結果無価値論」では、「人を殺した」という客観的な結果が重要となる。しかし、「行為無価値論」では、人の死という「結果」はもちろん好ましくないが、それ以前に、「人を殺す行為」をしたこと自体が許されないと考える。つまり、「結果無価値論」では、「人の死」という客観的側面に注目し、「行為無価値論」では、行為者が「どういうつもりでやったのか」という主観的側面を重要視するである。客観的な行為の結果と主観的な行為者の意思のどちらを重視するかの問題である。

②「偶然防衛」と「防衛の意思不要説」

以上をふまえて、偶然防衛について考えてみたい。

たとえば、今、Aは、以前から恨みに思っていたBを拳銃で射殺しようと考えており、B宅のまわりをうろついていたところ、窓際にBの後ろ姿が見えたため、拳銃を発射してBを射殺した。しかし、AがBを射殺したのは、妻であるCとの別れ話がこじれた結果、BがCを殺害するためにナイフを振りかぶったまさにその瞬間であったことが後から分かった。Aは、そのことを知らず、間一髪でBを射殺し、結果としてCの生命を救ったのである。

刑法第36条は、「急迫不正の侵害に対して、自己または他人の権利を防衛するため、やむを得ずにした行為は、罰しない」と規定している。この、「他人の権利を防衛するため」という規定から、Cの生命を救ったAに正当防衛が成立しうるかが問題となる。

結論を先にいうと、この場合、「結果無価値論」の立場に立つと、本件Aの行為は、正当防衛が成立する余地がある。なぜなら、客観的な結果のみから判断すると、Aは、Cを殺そうとしていたBを殺害したわけであり、Cの生命を防衛したという結果が生じている。

つまり、結果無価値論は、客観的な「結果」が重要視されるため、客観的にみて防衛の効果を持つ行為であれば足り、行為者の主観を問題にする必要はないのである。これを、**防衛の意思不要説**という。

他方、「行為無価値論」の立場からは、本件Aの行為は、正当防衛が成立しないことになる。なぜなら、AがBを殺したのは、以前から恨みに思っていたBを殺すためであって、Bの妻Cの生命を守ることを意図したものではなかった。つまり、行為無価値論においては、「なぜ、殺したのか」という行為者の主観面が重要視されるため、結果的に他人の生命を守ることになったとしても、実行当時に「Bの妻Cの生命を守るためにはBを殺さなければならない。だから、Bを殺そう」という防衛の意思が認められない限り、正当防衛は認められないのである。これを、**防衛の意思必要説**という。

通説は「防衛するための行為」と言えるためには、行為者の主観面に「防衛の意思」があることを要求する、防衛の意思必要説をとっている。判例も大審院の時代から現在に至るまで、防衛の意思必要説の立場に立っている。この立場からは、**「偶然防衛」は正当防衛にならない**ことは明確である。

では、防衛の意思が必要であるとして、その内容はいかに解すべきか。正当防衛は緊急事態において反射的・本能的に行われることも少なくないことから、このような場合にも防衛の意思を否定すべきではないと思われる。

そこで、防衛の意思とは明確かつ積極的な防衛目的というのではなく、**急迫不正の侵害を意識しつつこれを避けようとする単純な心理状態**をいうと解されている。つまり、いきなり暴漢に襲われたようなケースで、「私は防衛しなければならないので、相手を殴ろう」などと、明確に防衛する意思を持たなくても、反射的に殴ったという場合も、防衛の意思がそこに存在したとみなすわけである。

したがって、相手が殴ってきたところ、「何を生意気に」と必要以上に強く殴り返してケガをさせたというようなケースでは、**積極的加害意思**で反撃行為がなされたものであり、「避けようとする」とはいえないから、防衛の意思は否定される。他方、積極的な加害意識がない限り、たとえ憤激・逆上していたとしても、また、攻撃の意思を併有していたとしても、防衛の意思は肯定される。

判例も、防衛の名を借りて積極的に攻撃を加える行為は、防衛の意思を欠くが、**防衛の意思と攻撃の意思が併存している場合**には、防衛の意思を欠くとはいえないとしている**(最判 昭50・11・28)**。

また、「正当防衛行為は、防衛の意思をもってなされることが必要であるが、相手の加害行為に対し憤激または逆上して反撃したからといって直ちに防衛の意思を欠くと解すべきではない**(最判 昭46・11・16)**」としている。

4 やむを得ずにした行為

一般に「相当性」を満たした行為と考えられている。

(1)「相当性」の意味

「相当性」という言葉には二つの意味が含まれている。一つは、防衛行為によって害された**侵害者の利益と、侵害行為によって侵害された**（害されようとした）**防衛者の利益とを比較して、防衛行為が侵害者にもたらした不利益よりも過大なものではない**、つまり相当なものであったといえることである。

たとえば、AがBの命を奪おうとしてナイフで斬りつけてきたので、Bが傍らにあった花瓶でAを殴りその顔を傷つけたような場合、Bの防衛行為によって侵害されたAの利益は「身体」であるが、Aの傷害行為によって害されようとしたBの利益は「生命」である。そうすると両者を比較した場合、Bが自己の生命を守るために行った防衛行為によって、侵害者Aにもたらされた身体の傷害という不利益は過大なものではないといえる。したがって、Bの防衛行為は相当であると評価されるのである。

相当性のもう一つの意味は、防衛行為の**手段が相当**であるということである。たとえば、相手が殴りかかってきたのに対し、自己の生命・身体を守ろうという場合でも、素手で殴りかかるのと日本刀で斬りかかるのでは大きな隔たりがある。すなわち、刑法によって類型化されている危険な行為に該当するわけだから、その行為はできるだけ安全なものであることが求められている。

したがって、防衛行為のためならどんな手段を使ってもよいということはできない。防衛行為の手段は相当でなければならないのである。すなわち、素手に対して素手で殴りかかるのは手段として相当といえるが、素手に対して日本刀で斬りかかるのは相当性を欠いているので、正当防衛は成立しない。

しかし、「やむを得ずにした」とは、あくまで行為の相当性を意味するのであって、結果の相当性を意味するのではないから、反撃行為が相当性を有する限り、反撃行為によって生じた結果が侵害されようとした法益よりもたまたま大きなものとなっても、なお、「やむを得ずにした」といえる。

判例も、Aに突然左手の指をつかまれ、ねじ上げられた被告人が、痛さのあまり、これを振りほどこうとしてAの胸を1回強く突き飛ばしたところ、Aは駐車してあった自動車の車体に後頭部を打ちつけ、治療45日の傷を負ったという事案につき、正当防衛の成立を認めている（**最判 昭44・12・4**）。

⑵ 相当性を欠く防衛行為

なお、防衛行為が相当性を欠く場合には、違法性が阻却されない。よって、責任が認められるかぎり犯罪が成立する。もっとも、正当防衛の他の要件を満たしている場合には、**過剰防衛**として刑が任意的に減軽・免除される（**刑法第36条第2項**）。

5 過剰防衛・誤想防衛

(1) 過剰防衛の意義

過剰防衛とは「**防衛の程度を超えた行為（刑法第36条第2項）**」をいう。防衛の程度を超えたとは、防衛行為をやむを得ずにしたものとはいえないということである。つまり、前述の「**相当性**」**の範囲を超えた行為**が、過剰防衛となるのである。防衛の程度を超えたかどうかは、客観的観点から判定されなければならない。

(2) 過剰防衛の類型

過剰防衛は、「**質的過剰**」と「**量的過剰**」に分類される。

質的過剰とは、侵害と過剰反撃の間に性質上の相違がある場合をいう。たとえば、相手から下駄で打ちかかられたのに、匕首できりつけ、刺し殺した場合（**大判 昭8・6・21**）、手拳で殴打されたのに、くり小刀で相手方の左胸部を突き刺した場合（**最判 昭46・11・16**）、素手による傷害に対して日本刀で反撃したような場合など、いわゆる**「武器対等の原則」**に反する場合がその典型例である。

量的過剰とは、侵害と過剰反撃の間に性質上の相違がある場合である。Aがすでに侵害行為を停止しているのに、侵害を受けたBが恐怖驚愕のあまり、反撃行為を続けたような場合である。過剰防衛の場合、その一連の行為は、全体として防衛の程度を超えたものと評価される**（最判昭34・2・5）**。

過剰防衛は違法な行為であるから、これに対する正当防衛は許されることになる。

(3) 過剰防衛の効果と根拠

過剰防衛の行為については、犯罪の成立は否定されないが、情状により刑を減軽または免除することができる**（刑法第36条第2項・刑の任意的減免）**。

この任意減免の根拠については、違法性が軽減されるからであるとする**違法性減少説**もあるが、恐怖・興奮などにより多くの行き過ぎを犯したとしても、行為者を強く批難できないからであるとする**責任減少説**がある。これが通説・判例である。

(4) 誤想防衛・誤想過剰防衛

誤想防衛とは、**行為者が正当防衛の要件にあたる事実が存在しないのに、存在すると誤信して防衛行為を行った場合**である。

これは、①急迫不正の侵害がないにもかかわらず存在すると誤信して相当な行為を行った場合、これを**狭義の誤想防衛**という。②急迫不正の侵害は存在したが、防衛の程度を超えたにもかかわらず、相当な行為と誤信した場合、これを過失の過剰防衛という。前者の典型的な例としては、たとえば、夜間に前方からやってきた男がフラフラしながら自分に近づいてきたため殴られるものと思い、咄嗟にその男を避けるや男の顔面を殴打して傷害を行わせたところ、実はその男が酒によって自分を攻撃するつもりがなかったと判明したような場合である。後者の例としては、手拳で殴りかかられた者が、傍らにあった鉄パイプを木の棒と勘違いして反撃し、相手方を殺害してしまった場合である。

誤想過剰防衛とは、**急迫不正の侵害がないのにあると誤信したことに加え、防衛の程度を超えた（相当性に欠く）反撃行為を行った場合**をいう。この場合、行為者が相当性のある防衛行為を行う認識をもっていたときは過失犯の成立が認められ、相当性を超える防衛行為を行う認識をもっていたときは、故意犯の成立が認められる**（最決 昭41・7・7）**。

(5) 誤想防衛・誤想過剰防衛の処理

誤想防衛も誤想過剰防衛も正当防衛ではないから違法性は阻却されない。しかし、誤想は錯誤によって行われているので、責任を問いうるか否かが問題となる。

誤想防衛の場合は、一般的には責任故意が阻却されて処罰されないことになる。誤想過剰防衛の場合は、防衛行為の相当性についての誤信、つまり過剰性について行為者に認識がある場合と、ない場合とに分けて考える。認識がある場合は、全体として責任故意は阻却されず犯罪が成立するとした上で、**刑法第36条第2項**を準用して刑の減軽を行うこととし、認識がない場合は全体として誤想防衛の範疇に入ると解して責任故意を阻却するというのが実務的な処理の仕方になっている。もっとも、責任故意が否定される場合も、誤想したことに過失があって過失犯の処罰規定がある犯罪ならば、過失犯として処罰されることになるのである。

⑹ 盗犯等防止法における正当防衛の特例

「盗犯等、防止及処分ニ関スル法律」**（昭5年法律9号）**は、昭和の初めに横行した説教強盗などを理由に急遽制定されたもので、正当防衛の要件を緩和するとともに、常習窃盗に対する刑の加重を定めたものである。この法律は、盗犯や住居侵入等に対する私人の防衛権の行使を容易にするため、1項において、**刑法第36条第1項**の正当防衛の要件を緩和し、防衛行為の必要性と相当性を正当防衛の要件から除外し、同2項において、誤想防衛や誤想過剰防衛の場合でも、行為者の驚愕、興奮又は狼狽によるときは、責任阻却を認め罰しないとする趣旨の規定を置いている。

4 緊急避難

1 緊急避難の意義

緊急避難とは、自己又は他人の生命・身体・自由または財産に対する現在の危難を避けるため、やむを得ずした行為のうち、これによって生じた害が避けようとした害を超えなかった場合をいう。たとえば、歩行中に自動車と衝突しそうになったので、避けようとして他の歩行者を突き飛ばして傷害を負わせた場合や、野良犬に追いかけられた者が難を避けるための近所の家のガラス戸を壊し、住居侵入をした場合などである。

正当防衛が、不正な侵害そのものに対する反撃として「不正」対「正」の関係にあるのと違って、緊急避難は、第三者の正当な利益を犠牲にするものであって、「正」対「正」の関係にある点において、正当防衛と本質的な差異がある。

このような緊急避難の特徴を端的に示しているものとして、古代ギリシャの哲学者カルネアデスが問題提起した事例と言われている**「カルネアデスの板」**がある。船が難破して、乗客のAとBが海中に投げ出され、海上に浮かんでいるのは舟板一枚、しかも一人の身体なら支えられるが、2人がつかまれば沈んでしまうような大きさのものであった。Aはその舟板に必死でつかまり、自分もその板につかまろうとしたBを手で押しのけた結果、B

は溺死した。

この事例において、Aの行為は殺人罪の構成要件に該当する。しかし、緊急事態において、自らの生命を守るために他に方法のなかったAを、殺人罪で処罰することはあまりにも酷である。

このような事例に対応するため、**刑法第37条**は「現在の危難を避けるためやむを得ずにした行為」は処罰をしないこととしたのである。

では、このような緊急避難は正当防衛とどこが違うのか。正当防衛は「不正の侵害」に対する行為であった。すなわち、「不正（攻撃者）」対「正（防衛者）」の関係に成立する。これに対し、「カルネアデスの板」の例で見ると、Aの行為もBの行為も不正な行為ではないから、緊急避難は「正（避難者）」対「正（侵害者）」の関係に成立する。このように正対正の関係にあることから、緊急避難の要件は正当防衛のそれよりも厳格であって、後述するように**「補充の原則」**と**「法益権衡の原則」**が要求されている。

2 緊急避難の法的性格

正当防衛が違法性を阻却することには異論はない。しかし、緊急避難について、それが成立した場合、なぜ、緊急避難行為が処罰されないのかという理論的根拠**（緊急避難の法**

的性格）については、⑴**違法性が阻却されるから**であるとする**違法性阻却説**、⑵**責任が阻却されるから**であるとする**責任阻却説**、⑶その両方を根拠とする**二分説**がある。

⑴の違法性阻却説が通説であり、これは条文上、緊急避難行為を行った者とは無関係な、他人のための緊急避難も肯定されていること、さらに害の均衡が明文で要求されていること、などを根拠とする。もう少し詳しく説明すると、他人のために緊急避難を行うということは、侵害を無関係の他人に転嫁するということであり、これを認めるには刑法が緊急避難を違法性阻却事由と考えていると捉えざるを得ない。なぜなら、自分と無関係の他人のためにまで緊急避難行為を行うことを、責任阻却事由として説明することは困難だからである。責任阻却とは、後に説明するが、非難可能性のないこと、つまり他行為可能性のないことを意味する。他にその行為をする可能性がないからこそ、行為者に責任がない、と考えるわけだが、自分と無関係の他人のために行う緊急避難の場合は、そもそも無関係の他人のためには行為をしないという可能性が多分に存在するからである。このことから、⑵の責任阻却事由説は支持を失い、現在では少数説にとどまっている。

ちなみに、他人のための緊急避難としては、見知らぬ子どもがアパートの2階のベランダの柵にぶら下がって落ちそうになっているのを見た通行人が、急いで一階の前に置いてあった「液晶テレビ」と書かれた段ボール箱を移動したり、その上に干してあった布団を乗せたりして、クッションを作った直後に子どもが落ちて、布団の下の段ボール箱の中の液晶テレビは壊れたが、子どもは幸いにも軽い怪我で済んだ、といった例を考えよう。液晶テレビの持ち主からすれば、通行人は器物損壊罪にあたる行為を行っているのであるが、通行人は、「正」の持ち主に対して、他人のために緊急避難行為として、器物損壊罪の構成要件に該当する行為を行ったというわけである。

緊急避難の法的性格に関する見解の相違は次のような場合にあらわれる。

たとえば、Xが恨みを抱く相手であるYを思い切り突き飛ばしたとしよう。Yは押された勢いで第三者Zにぶつかりそうになっている。この場合、Zが自分に迫り来るYを払いのけるなどの反撃行為をした場合、その行為は刑法上、どのような取り扱いを受けることになるかについて考えてみよう。

Zの反撃行為を考える前に、突き飛ばされて向かってくるYの行為がどのような評価を受けるか考えなければならない。Yにとっては、突き飛ばされた勢いで仕方なくZにぶつかりそうになっているという緊急状態である。このままZにぶつかることにしても、緊急行為としての正当防衛**（刑法第36条）**あるいは緊急避難**（刑法第37条）**の成立が考えられそうであるが、この場合は緊急避難しか認められないだろう。なぜなら、ぶつかる相手のZは何ら違法な行為を行っているわけではないため、Yも「正」、Zも「正」という「正」

【緊急避難を違法性阻却事由と考える立場】

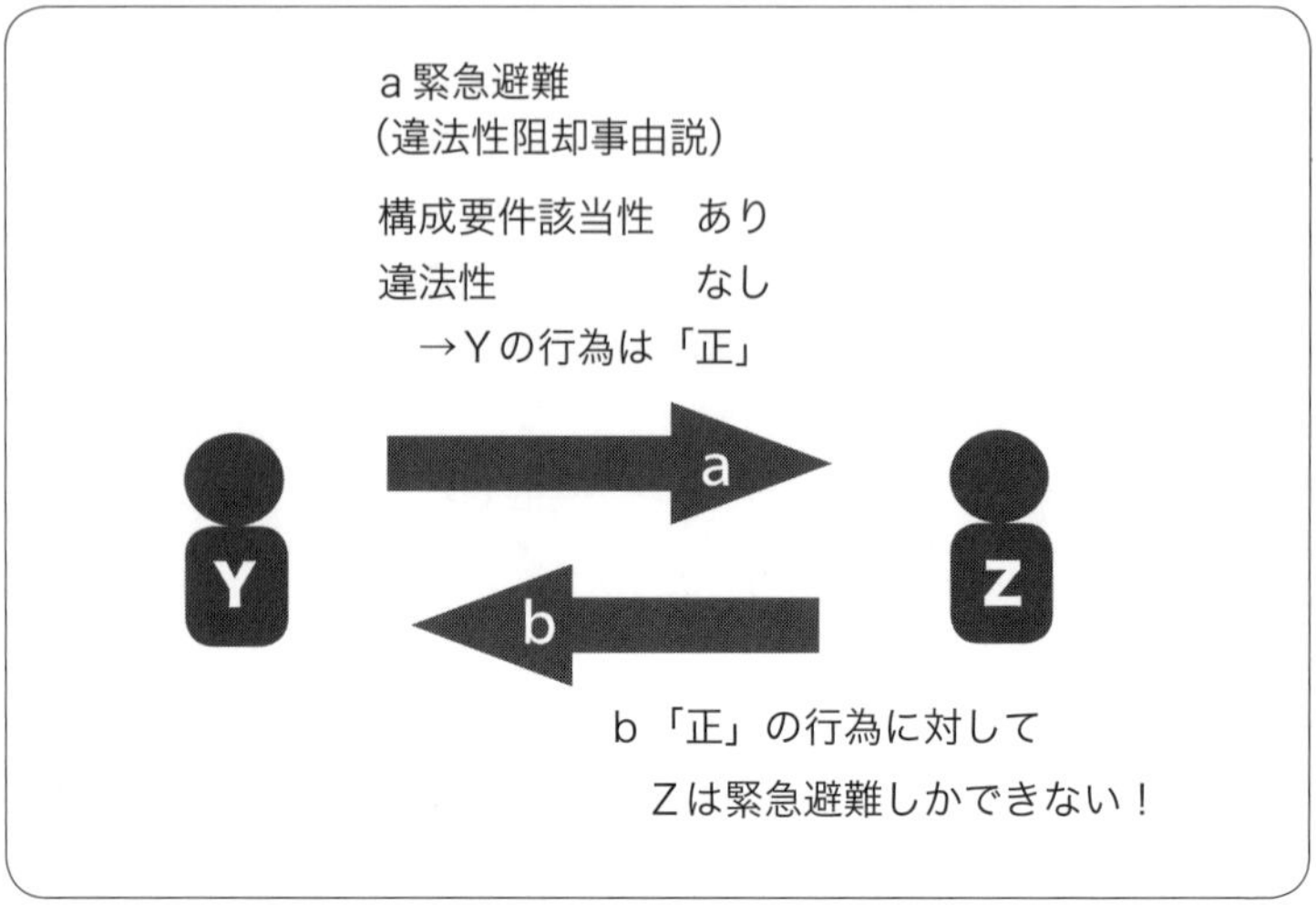
a 緊急避難
(違法性阻却事由説)
構成要件該当性　あり
違法性　なし
→Yの行為は「正」
a
Y
Z
b
b 「正」の行為に対して
Zは緊急避難しかできない！

対「正」の状況にあるからである。

では、Yが緊急避難としてZにぶつかってきたときに、Zが反撃行為、たとえば、Zを払いのけた結果、Yを怪我させてしまったような場合はどうなるのだろうか。このZの行為についても、緊急行為であるため、正当防衛あるいは緊急避難の成立が問題となるのだが、この問題を考える際に、前提として検討しなければならない重要な論点がある。それが先ほどの**「緊急避難の法的性格」**である。

緊急避難は「自己又は他人の生命、身体、自由又は財産に対する現在の危難を避けるため、やむを得ずにした行為は、これによって生じた害が避けようとした害の程度を超えなかった場合に限り、罰しない」**(刑法第37条本文)**と規定されて

【緊急避難を責任阻却事由と考える立場】

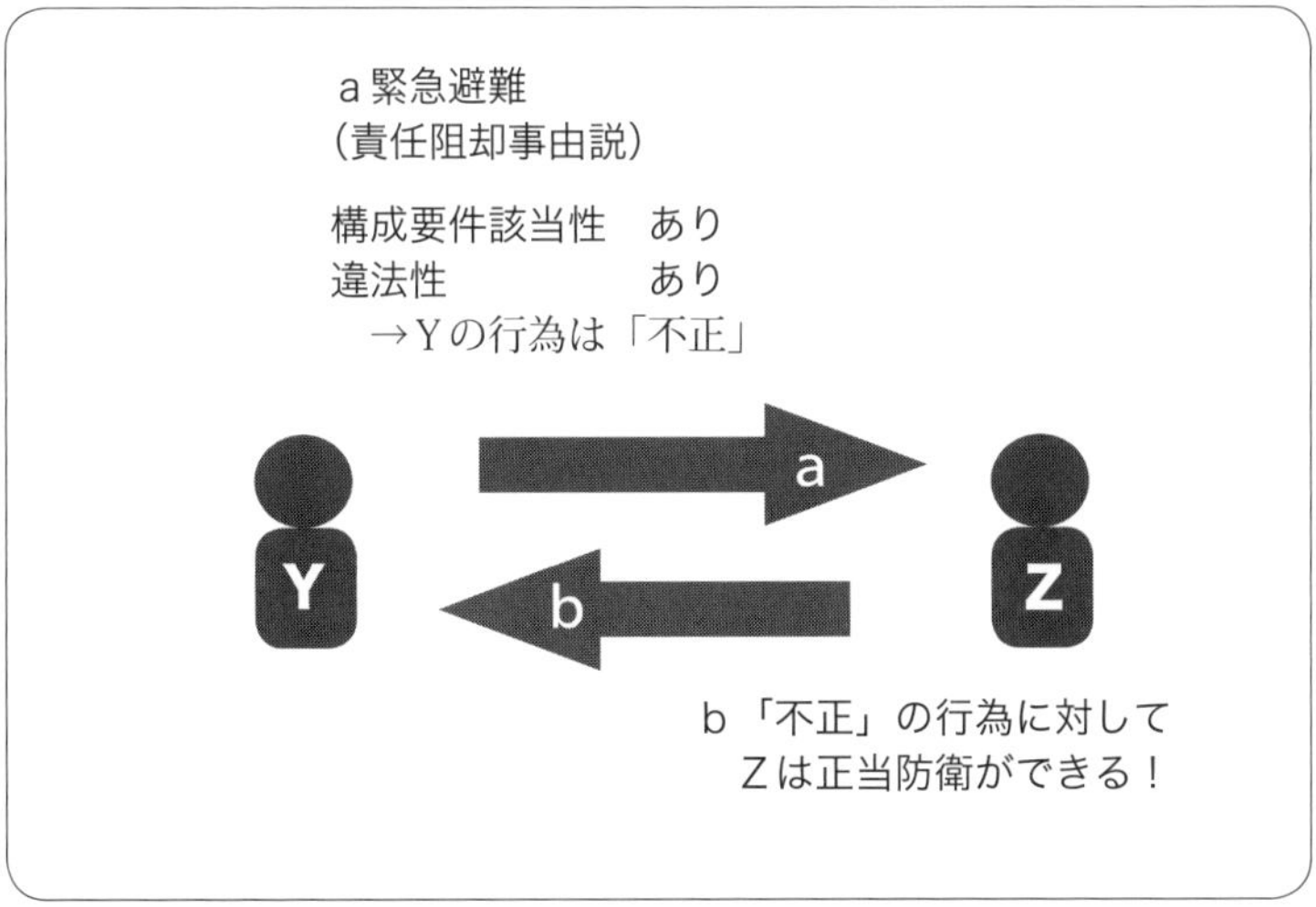
a 緊急避難
（責任阻却事由説）
構成要件該当性　あり
違法性　あり
→Yの行為は「不正」
a
Y
b
Z
b「不正」の行為に対して
Zは正当防衛ができる！

いる。この、「罰しない」という効果は、いかなる理由から認められるのか、というのが、緊急避難の法的性格の問題である。

この点に関しては、大きく分けて(1)違法性阻却事由説と(2)責任阻却事由説の2説があったことは先に説明した。そして、このどちらを採るかによって、Zの反撃行為に対する法的な考え方が異なってくるのである。

まず、違法性阻却事由説に立ったとしよう。緊急避難によって違法性が阻却されるということは、Zにぶつかろうとする Y の緊急非難行為は違法ではなくなるということである。つまり、「正」の行為として評価を受けることになるのである。そうなると、先ほどと同様、「正」

であるYと、「正」であるZという状態が出現する。「正」対「正」ならば、Zに認められるのは緊急避難しかないということになる。

次に、責任阻却事由説に立って考えてみよう。責任が阻却されるということは、それ以前の構成要件該当性、違法性の段階は認められていることになる。つまり、Yの緊急避難行為は違法ではあるが、責任はないということである。違法、つまり「不正」ということになる以上、「不正」対「正」の関係が成り立ち、ZはYに対して正当防衛が認められるということになるのである。

このように、ある論点（緊急避難の法的性格）に対して、いかなる立場に立つかで、結論（Zにできるのは正当防衛か緊急避難か）が異なってくることもあるのである。**刑法学は法律学の中でも特に理論的一貫性を求められる学問**であるため、今回の事例は、一つ一つの論点について、他の論点との整合性に注意して考えていかなければならないことを示す良い例であろう。

では、緊急避難の法的性格については、どのように考えたら良いのであろうか。前述のように、学説上通説となっているのは、違法性阻却事由説である。**基本的には、違法性阻却事由と解するのが妥当**といえよう。この立場は、**自分と無関係な他人のために行う緊急避難も条文上認められていること**や、**法益の権衡が明文で要件**とされており、その要件を満たす限りで、刑法は違法性を阻却するという判断をしたと考えるのが自然だということを根拠としている。この点についてもう少し詳しく説明しておこう。

まず、他人のために行う緊急避難も条文上認められていることが、なぜ違法性阻却事由説を根拠付けることになるかである。責任阻却事由説は、適法行為の期待可能性がないこと、あるいは減少することを緊急避難の要件としているが、自分が緊急状態に陥ったときならばともかく、他人の緊急状態にまで、責任阻却を認めるだけの期待可能性の欠如・減少があるとはいえないだろう。

たとえば、ナイフを持った強盗犯Xがコンビニを襲ったとしよう。その強盗犯が店員Yにナイフを突きつけた上で、入口近くのレジ付近にいた客Zに対して、「おい、この店員を殺されたくなかったら、そこにあるカバンにレジの金を全部入れろ」と命令した時に、その命令に従って客Zがレジの金をカバンに入れれば、形式的には強盗罪の従犯（従犯は正犯の犯行を容易にする犯罪として処罰される）の構成要件に該当することになる。この場合、強盗犯を手伝った客Zは、店員Yの生命を救うために行動したのに強盗犯の仲間扱いでは、あまりに忍びない。

そこで、緊急行為として犯罪不成立にしたいのだが、金を奪われるコンビニ（という法人あるいは個人商店）自体は「正」の存在なので、緊急避難が成立するか否かを検討することになる。この際に責任阻却事由説の立場に立つと、客Zは、強盗犯を手伝わざるを得ない状況にあった（適法行為の期待可能性がない）という理由で犯罪不成立とすることになる。しかし、本当に期待可能性がないとしてよいのだろうか。期待可能性は別名**「他行為可能性」**ともいう。客Zは、自分の生命が危険にさらされているわけではなく、すぐそばの入口から、「あわわわ」や「きゃー」と叫びながら慌てて逃げ去ることもできた以上、他の行為をできる可能性（他行為可能性）は十分あったのである。他行為可能性がある以上、あえて強盗犯を手伝ったとなると、客Zには酷ではあるが、理論的に責任阻却は認められないだろう。

そうなるとやはり、緊急避難の法的性格は責任阻却事由と捉えるべきではなく、他人のために緊急避難行為を行うこともまた、刑法は違法性を阻却すると解すべきであろう。

次に、**刑法第37条**は「生じた害が避けようとした害の程度を超えなかった場合」という**害の均衡**を要求していることもまた、違法性阻却事由の根拠となるのはなぜかについて説明しよう。責任とは行為者を法的に非難できること（非難可能性）を意味し、責任阻却事由説は、非難可能性の欠如・減少を緊急避難の正当化根拠としているのである。先ほど、「他行為可能性」について説明したが、他行為可能性がないということは、非難可能性がないということでもある。しかし、それならば、行為者が避けようとした害の程度を超えた害を発生させた場合であっても、非難可能性が欠如・減少する場合はあるのではないだろうか。この点に関してもやはり責任阻却事由説は妥当でなく、**刑法は法益の権衡が認められる限りで、緊急避難行為が違法性を阻却すると規定した**と考えるべきであろう。

よって、Zが迫りくるYに対して行う反撃行為は、緊急避難の要件を満たす限りで正当化されるということになるのである。

緊急避難の法的性質については、このように違法性阻却事由説が妥当である。ただ、責任阻却事由として働く場面が全くないか、というとそうも言い切れない面がある。緊急避難の法的性質について、違法性阻却事由だけでなく責任阻却事由の面も有するとする考え方を(3)の**二分説**という。

この二分説の中でも様々な考え方があるのだが、原則的には違法性阻却事由であると考えつつ、対立する法益が同等の場合には責任阻却事由と考える立場について説明しておこう。

この立場は、「カルネアデスの板」のような場面、つまり、遭難によって海上に投げ出された二人の船客が、たった一枚の板にすがりつこうと争ったあげく、一方が他方を殺害してしまったケースにおいては、緊急避難を責任阻却事由として考えるのである。殺害された方は生命を奪われたわけだが、殺害した方は自己の生命を守るためにやむを得ず行為に及んだわけである。

つまり、「生命」と「生命」という**同価値の法益が対立する究極の状況**が出現している。この場合の殺害行為に関しては、「違法でない」というよりも、非難できない行為として「責任がない」と評価する方が実態に合うだろう。この二分説の立場が理論的には巧みといえる。しかし、違法性とは、社会的相当性を逸脱した法益侵害行為という判例・通説の立場からは、確かに法益が同等の場合には優越的利益が緊急避難行為者には存在しないが、かといって、その法益侵害が社会的相当性を欠くとまではいえないと評価することも可能であろう。そうなると、二分説でなく違法性阻却事由説でも、同価値の法益が対立する究極の状況もまた、理論的に説明できることになるのである。

3 緊急避難の要件

(1) 現在の危難

緊急避難は、「自己または他人の生命、身体、自由又は財産に対する現在の危難を避けるため」に行う必要があり、単に「自己または他人の権利を防衛するため」とする正当防衛の規定に比べて、危難の対象となる法益が限定されているように思えるが、これは**例示**と解されている。そのため、名誉や貞操、さらに国家的法益や社会的法益が危難にさらされている場合にも、緊急避難が許されると解されている。

「現在の危難」とは、法益の侵害が目前に切迫していることをいい、正当防衛の「急迫」と同じ意味である。そうすると、緊急避難と正当防衛との違いはどこにあるのかということになるが、正当防衛では「急迫」の「侵害」が「不正」である必要があったのに対し、緊急避難における「現在の危難」にはそのような条件は課されていない。「現在の危難」は、違法な侵害でなくても、**何らかの理由で発生した法益に対する危険一般**を意味した言葉である。

このように「急迫不正の侵害」と「現在の危難」にあらわれる差異が緊急避難と正当防衛との大きな違いといえる。ところで、危難の発生原因は、人の行為によるものに限られない。動物の動作**（大判 昭12・11・6）**や自然現象（地震・水害・火災・海難等）によるものも含まれている**（大判 昭8・11・30）**。この点は正当防衛と異なるところである。

「自招危難」とは、自らの行為が原因で招いた危難のことである。問題は、このような自招危難を避けるために、緊急避難を行うことが許されるかどうかということである。これについては、①緊急避難の成立を全面的肯定する見解、②故意・過失で招いた危難は「危難」といえないとして、緊急避難の成立を否定する見解、③故意で招いた危難に対しては緊急避難の成立は否定するが、過失で招いた場合には、肯定する見解などが対立している。

しかし、自招防衛の場合と同様、具体的、個別的状況を考慮して避難行為が「やむを得ずにした行為」といえるかどうかという観点から解釈すべきである。

⑵ 避難行為が危難を避けるためのやむを得ずしたものであること（補充性）

「やむを得ずにした行為」とは、正当防衛の規定と同じ言葉が用いられているが、この「やむを得ずにした行為」は正当防衛の場合と異なり、緊急避難においては他にとるべき方法のなかったこと、いいかえれば、それが**法益を救うための唯一の方法**であったことを意味する（**大判 昭8・9・27**）。これを**補充の原則**という。

正当防衛の場合には、防衛行為によって侵害される法益は、不法侵害者の法益であるので、防衛手段が必要かつ相当なものであれば、それが侵害を避けるための唯一の方法でなくてもよいが、緊急避難の場合には避難行為によって侵害される法益は、なんら不法と結びついたものではなく、また、危難の原因と全く無関係な第三者の法益であることもあるので、他に方法があるときは、そうした法益の侵害を避けて、被害は最小限にとどめるべきであるからである。

避難行為は、危難の原因ないし相手方に向けられる必要はなく、危難とは無関係の第三者に向けられてもよい。

⑶ 生じた害が、避けようとした害を超えなかったこと

これは**「法益の権衡」**という。したがって、価値の大きい法益を救うために価値の小さい法益を犠牲にすることや、価値の等しい一方の法益を救うために他方の法益を犠牲にす

ることは、緊急避難として許されるのである。

4 過剰避難・誤想避難

(1) 過剰避難

過剰避難とは、**避難行為がその程度を超えた場合**をいう。具体的には、補充の原則に反することと、すなわち唯一の方法とは認められない方法により他人の法益を侵害すること、及び法益権衡の原則に反すること、すなわち価値の小さな法益を救うために価値の大きな法益を犠牲にすることをいう。

そこで、危難が切迫していないのに、主観的に切迫していると思って避難行為を行ったときは、過剰避難にあたらない。過剰避難はもはや緊急避難にあたらないから、違法性は阻却されないが、過剰防衛と同じような理由から責任が減軽される場合がありうるので、「情状により、その刑を減軽または免除する」ことができるものとされている。

(2) 誤想避難

誤想避難とは、**現在の危難がないのにあると誤信して避難行為を行った場合**をいう。誤想避難は、客観的に現在の危難が存在しない以上、緊急避難は成立しない。したがって、違法性は阻却されない。ただし、行為者としては、緊急避難のつもりなので、違法行為をしているという認識をしていないのである。それゆえ、故意犯としての責任が否定され、誤信した点において過失があれば過失犯として処罰されることになる。

誤想過剰避難は、現在の危難がないのにあると誤信して避難行為を行ったが、それが誤信した危難に対する避難としては過剰であった場合であり、かつ、行為者がその過剰性を認識している場合である。この場合も、誤想過剰防衛と同様に、故意犯は成立するが、**刑法第37条第1項但書**を準用して、刑の減免ができると解される**（大阪簡判 昭60・12・11）**。

(3) 特別義務者と緊急避難の特則

業務上義務のある者には、緊急避難の規定は適用されない**（第37条第2項）**。「業務上特別の義務のある者」とは、警察官、消防官、自衛官、船長等、業務の性質上、一定の危険に身をさらさなければならない立場にある者をいう。そのような義務のある者は、他人の犠牲で自己の法益を救うことは許されないとの理由による。ただ、自己の生命、身体などの重大な法益を救うために軽微な法益を犠牲にする場合には、なお、緊急避難が許されると解することができる。

第六章

有責性

Gnothi seauton
汝自身を 知れ

Cogito,ergo sum
我思う故に我あり

1 有責性とは何か

1 有責性

ある行為が、構成要件に該当し、違法であるというだけでは、まだ犯罪は成立しない。犯罪が成立すれば刑罰を科すことになるが、行為者を非難し、責任を問いうる場合でなければ、刑罰を科すことはできないからである。その行為を非難して責任を問いうることを**「有責性」**といい、有責性は構成要件該当性・違法性に次ぐ、第三の犯罪成立要件である。

違法性の説明のところで、構成要件は社会通念上違法かつ有責な行為を類型化したものであるため、構成要件に該当すれば、違法性が推定されることになり（構成要件の違法性推定機能）、違法性阻却事由の有無を検討することが主要な作業になるという話をした。有責性の段階においても基本は同じであり、**構成要件は社会通念上、違法かつ有責とされる行為を類型化したものである以上、構成要件該当性が認められれば、違法性だけでなく責任もまた推定される（構成要件の責任推定機能）**。

よって、有責性の段階（責任段階）においても、責任阻却事由の有無の検討が中心となるが、その際に気をつけるべきことは、**構成要件の違法性推定機能よりも、責任推定機能の方が、その推定される度合が低くなる**ということである。これは、違法性は主に客観的な事情を基準として判断されるのに対し、**責任は行為者の主観面という個別具体的な事情を基準として判断されるものであるため、違法性以上に、責任の有無の検討は詳細に加えられなければならない**ことによるものである。

違法性推定機能と、責任推定機能について、わかりやすく説明するならば、Xが石を投げて他人の家の窓ガラスを割る行為は、ほとんど違法な行為であるといっても特に差し支えがないだろう。例外的に、深夜に火事が起き、いくら叫んでも隣家の人間が起きてこないような場合に、隣人をたたき起こす目的で石を投げ、窓ガラスを割ったというような事情があるならば、それは社会通念上相当な行為として、違法とは評価されないだろう。これが、構成要件に該当する行為は原則として違法であるが、例外的に違法性が阻却されることもあるということの例である。

では、有責性についてはどうだろう。Xが石を投げて他人の窓ガラスを割ったことに違法性が認められるとすれば、刑法上の責任があると一応推定されるだろう。ただ、そのXとは一体何者なのか、という個別具体的な事情に踏み込んで考えてみると、たとえばXが3歳児であって、いたずらとして石を投げたならば、それでも刑法上の責任を負わすべきなのだろうか。あるいは、Xが大人であったとしても、精神の障害によって、善悪の区別がわからない者であったとしたらどうだろう。自らの罪の重さを理解できない彼に、それでも刑罰を科すことが適当なのだろうか。

前に、刑法上の責任がある状態のことを有責性というと説明した。刑法は、この有責性を認めることができない場合（**責任阻却事由**）として、**⑴罪を犯す意思（故意）がない場合（刑法第38条第1項）**、**⑵心神喪失の場合（同第39条第1項）**、**⑶年齢が14歳に満たない場合（同第41条）**をあげている。これらの事由に該当する場合は、責任が阻却され、犯罪は不成立となる。

先程の例でいえば、Xが3歳児の場合は⑶に該当し、Xが大人でも、精神の障害により善悪の区別がわからない状態、つまり心神喪失の場合ならば、⑵に該当して、責任が阻却されるのである。

有責性を語る上で、大切な標語がある。それは**「責任なければ刑罰なし」**という標語であり、いわゆる**責任主義**を表したものとされる。刑罰を科すためには、責任がなければならないということである。この責任主義から、**⑷主観的責任**と**⑸個人的責任**という二つの要請が導き出される。⑷主観的責任とは、刑罰を科す前提として、客観的な犯罪行為に対応した行為者の故意・過失が少なくとも要請されるということである。これは、結果さえ発生すれば行為者の責任を問うという、結果責任を排除するものである。

また、⑸個人的責任とは、行為者個人の責任のみを問われ、団体の構成員であるというだけでその団体の有する責任を負わなければならないという、**団体責任**の考え方を排除するものである。

責任段階で考慮すべき要素(**責任要素**)としては、**「故意・過失」**、**「違法性の意識の可能性」**、**「責任能力」「期待可能性」**があるとされる。

2 責任に関する理論的対立

処罰するためになぜ刑罰が必要か、という点に関して、道義的責任論と社会的責任論の対立がある。

道義的責任論は、刑罰を過去になされた犯罪行為への非難として捉える立場で、刑事責任も、過去の行為への倫理的な非難可能性であるとする立場で、応報刑論と結びつくものである。

一方、**社会的責任論**は、目的刑論の立場から唱えられる見解で、刑罰はあくまでも将来の犯罪予防のために科されるものであるとし、刑罰の倫理的側面を否定する。そのため、刑事責任も将来の犯罪予防のために非難をするという考え方になる。

現在の通説は、責任は基本的に過去の行為についての非難可能性を内容としたものではあるものの、法的な観点からの非難可能性であり、また、刑罰を課す際の予防目的は、責任に応じた範囲でのみ追求しうるという、**法的責任論**とよばれる立場であり、相対的応報刑論とも根底を同じくするものである。

責任論における理論的対立はさらに、**責任の要件**として何を求めるかについても展開された。かつては、責任の要件として、故意と過失という心理的事情のみを考慮していた（**心理的責任論**）。しかし、20世紀になり、故意や過失があっても、なお責任を否定すべき事態が存在することが明らかになった。たとえば、適法行為の期待可能性がない場合（**期待可能性の理論**）などである。このように、故意・過失という心理的事情のみならず、規範的な動機付けの側面をも責任判断の要素として考慮する立場を**規範的責任論**といい、現在の通説となっている。

さらに、責任非難の対象についても議論があるが、現在は客観的になされた過去の行為を非難の対象とする**行為責任論**が通説的見解となっている。

2 故意・過失

1 故意・過失の体系上の地位

構成要件に該当し、違法である行為について、行為者を非難できる、責任があるといえるためには、まず、故意または過失があることが必要である。**故意・過失は刑法上二重の地位を持つとするのが通説的見解**である。その一つは、「**構成要件段階での故意・過失である構成要件的故意・構成要件的過失**」であり、もう一つが、「**責任段階での故意である責任故意・責任過失**」である。まずは、**故意**について、その二重の地位を説明していくこととする。

2 構成要件的故意

「構成要件的故意」とは、犯罪事実、すなわち**客観的構成要件に該当する事実を認識・認容**していることである。客観的構成要件に該当する事実とは、実行行為の客観面や構成要件的結果、および両者間の因果関係に加えて、行為の主体、客体、行為の状況などを意味する。つまり、構成要件的故意とは、犯罪事実（構成要件に該当する事実）の主要部分を認識・認容していることを意味する。

すなわち、行為者が自己の犯罪事実を認識し、将来の構成要件的結果の発生や、それに至る因果関係の経路について予見していれば、その行為が法的に許されるかどうかを検討する機会が行為者に与えられているからである。**行為者には、違法行為を断念して適法行為に出るよう自らを動機づけることができたはずなのに、あえて犯罪を実現しようと意思**

決定したことに対して、故意犯としての重い刑罰を加えるほどの強い非難を向けることができるのである。

ところで、故意の体系的地位について、故意は主観的要素であるため、本来的には責任の分野に属するものであり**（責任故意）**、行為者の責任の有無や程度に影響を与える要素であるが、その前に構成要件要素としても考慮される。この構成要件要素としての故意、いわゆる構成要件的故意が認められなければ、故意犯の構成要件該当性そのものが否定される。

他方、構成要件的故意が認められれば、責任要素としての故意**（責任故意）**が検討されることになる。構成要件的故意は認められるが、責任故意が認められない例としては、夜間に前方から酒に酔ってやってきたY男がフラフラしながらX男に近付いて来たため、殴られるものと思い、とっさにYを避けるやYの顔面を殴打して障害を負わせたところ、実はYはXの父親だったというような誤想防衛の場合が挙げられる。この場合、Xには「人を殴る」という暴行罪あるいは傷害罪の構成要件に該当する客観的な事実の認識があるので、暴行罪あるいは傷害罪の構成要件的故意はあるものの、Xは暴漢に襲われたと勘違いしていることから、責任故意は否定されるのである。

3 故意責任の本質

なぜ、故意があるというために、犯罪事実（構成要件該当事実）の主要部分を認識・認容していることが必要とされるのだろうか。それを知るためには、故意犯がなぜ、重い責任非難を受けるのか、その理由、すなわち**故意責任の本質**を理解しておく必要がある。

構成要件は社会通念上違法な行為を類型化したものであるから、構成要件に該当する事実を認識していたということは、違法な事実を認識していたということである。違法な事実を認識しているなら、行為者は心理的な障害（**「規範の壁」**という）に直面し、その行為をやめるよう決断すべきであるのに、やめなかったことが非難されるのである。この、やめようという意思のことを**「反対動機」**ともいう。

故意責任の本質は、行為者が規範の壁に直面した以上、反対動機が形成でき、行為をやめることができたはずなのに、それをせずに規範の壁を乗り越えたことに対する重い責任非難にあるのである。

以上から、行為者が「規範の壁」に直面したといえるためには、犯罪事実の主要部分を認識していることが求められるのである。それだけの事実**（犯罪事実の主要部分）を認識していたのならば、反対動機を十分形成可能だった**といえるからである。

4 認容説

また、規範の壁を**「乗り越えた」**といえるためには、**客観的構成要件要素を認識した上で、主観面において結果の発生が「起きてもやむを得ない」というレベルに達していたことが必要となる。**

つまり、結果の発生を意図ないし意欲するまでのレベルでなくても、認容していれば、規範の壁を乗り越えたと評価できるということになる。

たとえば、Aがマンションのベランダから廃品をマンションの裏庭に投げ捨てたとしよう。このとき、Aがベランダの下にもしかしたら人が歩いているかもしれないと考え、さらに「当たったら当たったで仕方ないか」と思って投下したとしたら、結果発生を意図ないし意欲はしていなくても、認容していたといえよう。このレベルの故意を**「未必の故意」**ともいい、故意の成立には、少なくとも結果の認容が必要とされるのである**（認容説）**。

5 構成要件的故意・過失の犯罪個別化機能

先に、構成要件には**「犯罪・非犯罪区別機能」**があると説明したが、構成要件的故意・過失には、**「犯罪個別化機能」**があることも知っておきたい。たとえば、マンションの上から落ちた植木鉢がBの頭に命中して、Bが死亡したとする。このとき、客観的には「人の死」という行為が発生しているが、植木鉢を落下させたAがわざと、つまり故意にB

を狙ったのなら殺人罪**（刑法第199条）**となり、うっかり植木鉢を落としてしまったような場合には、過失致死罪**（刑法第210条）**の適用が問題になるのである。このように、**行為者の主観面によって、適用される構成要件（犯罪類型）が異なること**もあるのであり、これを**犯罪個別化機能**というのである。

構成要件的故意が認められない場合は、故意犯として処罰されないことはもちろんであるが、先ほどの植木鉢の例のように、過失犯処罰規定が存在する場合には、後述する構成要件的過失の有無が問題となる。

6 責任故意

構成要件的故意が認められたとしても、責任段階において、さらに故意について検討することになる。これを責任故意という。構成要件的故意は、構成要件が類型的存在であるため、あくまでその有無の判断も類型的、一般的抽象的な判断のレベルにとどまるのに対して、責任故意は、個別具体的な行為者の主観面をより詳細に検討していく点に違いが存在する。

責任故意とは、**違法性を基礎づける事実の認識、または正当化事情の不認識を意味する。**

「違法性を基礎づける事実の認識」とは、自己の行為の違法性を基礎づける事実の認識のことであり、それは、自分の行為をやってはいけないと、行為者に訴える機能として働くことになる。先ほど、故意責任の本質を説明した際に、「規範の壁」という言葉を用いたが、「違法性を基礎づける事実の認識」もまた行為者にとって規範の壁となるものである。他方、「正当化事情の不認識」とは、裏を返せば、**「違法性阻却事由の不存在の認識」**のことである。つまり、自分の行為が違法性阻却事由に該当しないと知っているならば、その行為者に対して責任非難が可能となるのである。しかし、たとえば、自分の行為が刑法上の正当化事由に該当すると思って行動していたような場合、行為者は規範の壁に直面していたとはいえないため、重い責任非難をすることができず、責任故意は阻却されることになるのである。

責任故意が阻却される例として、誤想防衛が挙げられる。正当防衛にあたる事実を誤信して行為に出た場合は故意がないとするのが判例・通説である。たとえば、Xが夜道でいきなり飛び出てきた友人Yを、自分を襲って来たものと勘違いして、パンチで殴り倒してしまったような場合、Xは自分が相手に対して攻撃行為を行っている認識はあり、暴行罪あるいは傷害罪の構成要件的故意は認められるのである。しかし、自らの行為が正当防衛にあたると誤信している以上、自らの行為の「違法性を基礎づける事実の認識」を欠いており、その意味でXは、それを知っていたら違法行為を思いとどまるはずという、規範の壁に直面しているとはいえないのである。そこで、構成要件的故意は認められても、責任故意が存在しないとして、故意が阻却されるのである。この場合、Xに過失が認められれば、過失傷害罪が成立しうる。

7 過失

次に、**過失**であるが、刑法上過失犯が処罰される場面は限定されたものとなっている。故意があるものを犯罪とするのを原則としているからであり**（故意犯処罰の原則）**、過失による行為を処罰するのは法律に特別の規定がある場合に限っているからである。刑法は、「罪を犯す意思がない行為は、罰しない。」**（刑法第38条第1項）**と規定して、原則として故意のない行為は処罰しないものとし、例外的に「法律に特別の規定がある場合」**（同第38条第1項但書）**に過失犯を処罰することにしている。

過失とは、**不注意によって犯罪事実を認識しなかったこと**である。注意すれば、その結果が発生することに気づいたはずで、気づけばその行為をやめたはずだ、というとき、不注意によって気づかなかったことを非難されるのである。

責任とは、**行為者の行為につき、非難可能性のあること**をいうが、故意犯に比べて過失犯は、その非難可能性が低いことから、例外的な存在として、特別の規定がある場合に限って罰することにしたのである。

刑法は、失火（**同第116条**）、過失激発物破裂（**同第117条第2項**）、過失往来危険（**同第129条**）、過失傷害（**同第209条**）、過失致死（**同第210条**）などにおいて過失犯を処罰しているが、これは、実害が発生しているか、実害発生の危険がある状態を作り出したとき、すなわち結果が発生したときに処罰するという共通点を有している。つまり、現行法上、過失犯は**結果犯**（構成要件が一定の結果の発生を必要としている犯罪）であり、**未遂処罰**はないことになる。

8 旧過失論と新過失論

過失犯処罰の根拠については、学説上の争いがある。大別すると「旧過失論」と「新過失論」に分かれる。**「旧過失論」**とは、過失は故意と並ぶ責任要素であり、故意犯と過失犯とは、構成要件該当性の段階では共通のものとして捉える見解である。そして過失犯を結果予見義務を中心に理解していた。結果の予見が可能であれば過失犯の成立を認め、不可能であれば過失はないとする立場である。

この旧過失論に対して、結果の予見が可能であれば過失ありとするのでは、判断に幅がありすぎるため、過失犯処罰の限定が不可能となる批判がなされた。たとえば、自動車を運転する際に、交通事故が起きることは常に予見可能ともいえる。旧過失論をそのまま維持したのでは、過失犯の処罰が無限定に拡散してしまうことになるのである。

旧過失論の問題点を克服すべく登場したのが、**「新過失論」**である。新過失論は、行為無価値論の立場から、**故意犯と過失犯は構成要件段階から区別**されるとし、結果予見義務違反ではなく、**結果回避義務違反を過失論の中心に据えた**。これは、行為無価値論が、違法性の本質を社会的相当性を欠くことに求めることから、違法行為の類型である構成要件段階においても、過失を社会的に不相当な行為、社会的相当性から逸脱した行為ととらえるのである。**結果の予見可能性を前提とした上で、結果の回避義務が問われ、回避義務ありとされた場合に、客観的に回避義務に違反する行為を過失とするのが、新過失論である。**

過失論の展開は、その折々の社会情勢を反映したものであった。モータリゼーションの進展によって、交通事故数が増大した時代に新過失論が唱えられ、さらには、公害事件が増加するようになると、新過失論をさらに推し進めた**危惧感説（不安感説）**が唱えられるようになった。この説は、何らかの不特定の危険が発生しうるという危惧感を抱いたならば、それを除去するための措置をとらなければならないとするものであったが、あまりに処罰範囲が広くなりすぎるという批判から、多くの支持を得るには至らなかった。

最高裁判例は、結果発生の予見可能性とその義務、および結果防止の可能性とその義務を過失犯の成立要件とする立場に立っている**（最決 昭42・5・25）**。

9 構成要件的過失

過失のうち、**構成要件的過失**であるが、その要件としては、**⑴犯罪事実（客観的構成要件に該当する事実）の認識・認容の欠如、⑵注意義務違反、⑶結果の発生**をあげることができる。⑶については、前に説明したので、⑴および⑵について説明を加えることとしよう。

⑴ 犯罪事実

まず、犯罪事実であるが、犯罪事実を認識・認容して行為を行っていれば故意犯となるため、その欠如が要件となるのはある意味当然であるが、ここで気をつけておいてもらいたいのが、**「未必の故意」と「認識ある過失」、および「認識のない過失」の区別**である。

未必の故意については、結果発生を意図ないし意欲しなくても、その認容はある場合に、故意犯となると説明した。たとえば、子どもが多く遊んでいる公園の脇の道路を自動車で走行し、「子どもが飛び出してきたら轢いてしまっても仕方がない」と思って走行すれば、それは**結果の認容がある**以上、未必の故意があることになる。対して、自分の運転技術への過信から、「子どもが飛び出してきても轢くようなことはない」と信じて走行し、急に子どもが飛び出して轢いてしまったような場合は、**結果の認容が存在しない**ことから、**「認**

識ある過失」となるのである。さらに、子どもの飛び出しの危険すら考えず、漫然と自動車を走行させて、飛び出してきた子どもを轢いてしまったような場合が、「認識のない過失」となるのである。認識ある過失と認識のない過失は、同じ過失犯として扱われるが、**未必の故意と認識ある過失は故意と過失の分水嶺**となるため、その認定には注意を要する。

⑵注意義務違反

次に、**注意義務違反**について説明しよう。犯罪事実の認識・認容が欠如したことのみをもって、過失犯として処罰するならば、事実上処罰の範囲は無限定に拡大することになってしまう、そのため、処罰範囲を適切なものに限定するために、注意義務という観点から過失犯の成否を論じることにしているのである。

この注意義務違反は、構成要件段階と、責任段階の両者で論じられることになる。まず、構成要件段階では、構成要件が社会通念上有責とされる行為を類型化したものであるため、その注意義務違反の判断は、社会通念、つまり社会における一般人を基準して判断されることになる。社会生活を営む上で通常必要とされる注意を尽くしていれば、行為者には「落ち度」がないものとして、過失犯として処罰されることはないのである。このような注意義務を、一般的注意義務または客観的注意義務という。

注意義務の内容は、**結果予見義務**と**結果回避義務**に分けられる。結果予見義務とは、結果の発生を予見すべき義務のことであり、結果回避義務は、結果発生を回避すべき義務のことである。結果予見義務は、その義務の前提として結果の予見可能性が求められる。同様に、結果回避義務についても、結果の回避可能性があることが前提となる。過失犯の成否を検討するにあたっては、故意がないことを前提に、**①結果予見可能性の有無→②結果予見義務違反の有無→③結果回避可能性の有無→④結果回避義務違反の有無**という順で検討することになる。

10 責任過失

次に、責任段階での過失**（責任過失）**であるが、その成立要件としては、**⑴責任故意がないこと、⑵本人を基準にして、不注意があったといえること**の2点があげられる。⑴の責任故意についてはすでに説明したが、自己の行為の違法を基礎づけるだけの事情について誤認がある場合に、責任過失が問題となるのである。また、⑵の要件であるが、構成要件的過失の段階では一般的客観的な注意義務違反を問題としたが、**責任段階においては、行為者個人を基準にした注意義務違反を問う**ことになる。

このような注意義務を、**個別的注意義務（主観的注意義務）**という。

刑法は、あくまで個人に対して刑罰という制裁を与えるものである以上、究極的には行為者個人を基準にして非難可能であるかどうかを問わざるを得ない。たとえ、一般的には結果の予見および結果の回避が可能な状況であったとしても、行為者本人には無理である場合に、それでもなお非難するというのでは、責任主義に反するものといえよう。

11 労働法を学ぶための故意・過失論

故意・過失について学んできたが、ここで労働問題の例を使いつつ、その理解を確実なものとしておこう。それは、刑法に関する理解がいかに労働法を学ぶ際に重要であるかを確認できる作業でもある。

> Y会社の労働者Xは連日、定時を過ぎてもそのまま会社に居残り、毎日4時間ほど残業をしていた。
> この残業に関し、XはY会社に対し特に許可を求めることもなかった。また、Xは帰ろうと思えばいつでも帰宅できる状況であり、Xが定時を過ぎた後に行っていた業務は、その日のうちに処理しなければならないような必要性や緊急性を有するような、特段の事情がある業務ではなかった。
> そして数年が過ぎたある日、Xが残業代の未払いについて労働基準監督署に申告をしたことにより、労働基準監督署の調査や臨検がY会社に入った。

その結果、労働者Xに関する過去2年分の未払残業代について、労働基準監督官が支払命令を出してきた。支払命令にある金額は、4時間の残業を時給1、000円で月20日間したとして、なんと192万円にものぼったのである。

この、過去2年分という期間の根拠は、**労基法第115条**で賃金債権の時効が2年と定められているためであるが、果たしてY会社は労働基準監督官の支払命令に従わなければならないのだろうか。


労基法が問題となっているが、**労基法は刑罰法規**であるため、その適用は刑法の原則に則ったものでなければならないことはいうまでもない。

刑法において犯罪とは、**「構成要件に該当する違法かつ有責な行為」**という定義がなされているのは、すでに学んだところである。行為が犯罪の**「構成要件」**に該当すること、その行為に**「違法性」**があること、その行為を行った行為者に**「責任」**を問うことができること、の三つの要件を満たして初めて、犯罪が成立するのであった。

構成要件とは、通説によれば社会通念上、違法かつ有責な行為を類型化したものである。簡単に復習しておくと、刑法の各条文で示されている「犯罪の類型（枠組）」のことであった。そして、違法な行為とは、客観的に法律に違反している行為のこと、有責とは、その行為について、行為者に主観的に責任を問えること、を意味した。

たとえば、**刑法第199条**に殺人罪が規定されているが、そこに規定される「人を殺した」の部分が構成要件になる。

では、人を殺せばすべて殺人罪になるのかといえば、そうではない。次に「違法性」があるかどうかが検討されるのである。違法とは、社会的相当性を逸脱して法益を侵害することを意味する。わかりやすく説明すれば、社会通念、つまり社会の一般常識で許されない形の権利侵害をすることである。

仮に、人を殺してしまったとしても、自分が殺されそうになり、命を守るために、思わず手近にあった花瓶で相手の頭を殴打した結果、殺してしまったような場合、正当防衛として違法とはされない。専門的には違法性が阻却される、という表現をするのだが、要するに、自己の生命を守るための反撃行為ならば、たとえ相手の権利を侵害しても社会通念上許され、違法とは評価されない（違法性が阻却される）ということなのである。

先ほどの殺人の例で、正当防衛のような違法性を阻却する事由は存在しなかったとしよう。そうなると、構成要件に該当し、違法な行為ということになるが、犯罪が成立するためには、最後の関門がまだ待ち構えている。

それが「責任（有責性）」の問題である。刑法上の責任ありとするためには、いくつかの要素を満たさなければならないが、その一つに、**「故意犯処罰の原則」**というものがある。これは刑法の大原則の一つとされるものである。

刑法第38条第1項は「罪を犯す意思がない行為は、罰しない。ただし、法律に特別の規定がある場合は、この限りでない。」と定めている。ここにいう「罪を犯す意思」というのが、故意のことである。刑法は原則として、故意による犯罪のみを処罰するというのが故意犯処罰の原則である。

これを簡単にいうと、「わざと」罪を犯した場合を処罰の対象にしているのである。例外的に、過失、つまり「うっかり」罪を犯してしまった場合を処罰することもあるが、その際には条文に「過失により」という文言が使われている。

この、刑法上の故意について理解をすること、すなわち**「故意の本質論」**について知ることは、同じく刑罰法規である労基法について理解するために必須の知識であるため、重複を厭わず説明することとしよう。

刑法上の故意とは、客観的構成要件に該当する事実の認識・認容とされている。これをわかりやすくいえば、行為者が犯罪となる客観的な事実を知っていて、あえて行おうとする意思のことである。たとえば、そこに人がいると知っていて、その人に向かって石を投げつければ、暴行罪**（刑法第208条）**または傷害罪**（同第204条）**の故意ありとなる。石の大きさによっては、殺人罪の故意すら認められることもある。

なぜ、刑法はそのような故意犯のみを処罰することを原則としているかといえば、刑法は刑罰という、生命や自由、財産を奪う厳しい制裁を予定している法だからである。厳しい制裁があるからこそ、その厳しい制裁に見合うだけの主観面を行為者に求めているのである。それだけの主観面を有していれば、刑罰という制裁を科すという形で法的に非難することが正当化されるのである。だからこそ、厳しい制裁に見合うだけの主観面として、自己の行為が違法であるというルールの壁に直面しつつ、あえてその壁を乗り越えて犯罪を実現するというレベルが求められているのである。

刑法は例外的に過失犯を処罰しているが、その際にも、一定の重大な犯罪に関して、行為者が注意していればルールの壁に気付いたはずであり**（結果の予測可能性）**、そして気付いたならばルールの壁の前で引き返したはずだ**（結果の回避可能性）**というレベルに至って、故意と同様に法的に非難することができるため、処罰することにしているのである。

このように刑法は、原則的に故意犯を処罰し、例外的に過失犯を処罰する体系を採っている。**では、同じく刑罰法規である労基法はどうかといえば、故意犯「のみ」を処罰する刑罰法規となっているのである。**

冒頭の例に戻ると、使用者であるY会社が労働者Xの残業を知っていたというだけでは、**「罪を犯す意思」**、つまり故意があるとはいえないのである。Y会社の社長が、Xが連日、定時後も居残っているのを見ていた、あるいは知っていたとすれば、たしかに事実の認識はある。しかし、それは、刑罰法規である労基法違反として求められるレベルの故意に達しているとはいえないのである。なぜなら、**労基法第5条**には「使用者は、暴行、脅迫、監禁その他精神又は身体の自由を不当に拘束する手段によって、労働者の意思に反して労働を強制してはならない。」とあり、その立法の経緯からも、タコ部屋に監禁するようなレベルのものを想定しているからである。この規定から、労基法が想定する故意による残業とは、労働者の意思に反して行動の自由を制限するレベルのものであることが明らかである。そのレベルの自由の制限が存在して初めて社会通念上許されない客観的な違法性があるのであり、その違法性を認識して初めて、労基法違反として問えるだけの故意があるといえるのである。

今回取り上げたケースの場合、労働者Xが連日残業をしていたとはいえ、使用者Yがその居残りをただ単に認識していただけというだけならば、そこに何らの強制は存在せず、労働者は帰ろうと思えばいつでも帰れる状態にあったのである。

ということは、ただ単に、Xが自発的に残って業務を行っていたという事実があるだけなのである。そのことに関し、使用者であるY会社は何らの強制も強要もしていない。そのような状況をもってして、**刑罰法規である労基法の想定する故意があるとはいえない**。使用者Yに刑罰という厳しい制裁を与えるだけの認識があったとはとてもいえないだろう。

このように、労働者が自由を不当に拘束されていない、裏を返せば自由な意思で帰ろうと思えばいつでも帰れる状態にあった以上、使用者は労基法違反として罪に問うだけの認識をしていた、つまり故意があるとはいえないのである。

よって、Y会社において、労働者Xが残業をしていることを使用者が知っていたというだけでは、故意に残業させたわけでも、故意に残業代を支払わなかったわけでもなく、刑罰法規である労基法の適用の対象になるようなことはないのである。

さらにいえば、刑法理論の根底に流れる考え方として、**謙抑主義**というものがある。これは、刑法というものは、人の生命・自由・財産という基本的人権に係わることがらに関して刑罰という峻厳な制裁を予定する法律であるから、その適用はできる限り慎重にならなければならないというものである。この謙抑主義の立場からしても、今回のケースが処罰に値するものではないことは、火を見るより明らかといえよう。

3 責任阻却事由

故意・過失があっても、例外的に非難することができない場合がある。このような場合を**責任阻却事由**という。

1 違法性の意識——労基法と違法性の意識——

客観的構成要件に該当する事実の認識はあるが、自己の行為が禁止されているものだということを知らずに行った場合は、責任が阻却される可能性はないのであろうか。**「違法性の意識」**とは、自己の行為が違法であるという意識、つまり、「法的に許されないことをしている」という意識のことであり、この**違法性の意識を欠く場合（違法性の錯誤・法律の錯誤）には刑事責任を阻却しうるとするのが通説の立場**である。

この「違法性の意識」については、故意との関係をどうとらえるかという、**違法性の意識の体系的位置付け**について、学説が大きく対立している状況にある。学説は、違法性の意識（またはその可能性）を故意の要件と考える立場**（故意説）**と、違法性の意識を故意とは別個のものとしてとらえ、違法性の意識の可能性を欠く場合は責任が阻却されると考える立場**（責任説）**に大別される。

戦前の故意説は、違法性の意識がない場合は、自らの行為が法的に許されないとは思っていない以上、行為者を非難することができず、故意が阻却されるとして通説的地位を占めていた**（厳格故意説）**。確かに、悪いことをしているという意識がない者を「わざと」犯罪を行った故意犯として考えるというのでは、あまりに必罰主義すぎるであろう。

しかし、この厳格故意説には、確信犯や常習犯の処罰ができないか、できても過失犯としての処罰になってしまうという難点があったのである。確信犯は、自分の行っている行為が道徳的、宗教的、あるいは政治的に正当なものだと認識しているため、自分の行っている行為が「悪い」という意識が欠落している。

これは、テロリストを例として思い浮かべていただければ、理解できるだろう。また常習犯は犯行を重ねる度に罪の意識がどんどん減少してしまっていき、もはや「悪い」などとは思わず犯行に出てしまう場合もある。このような常習的に万引きを重ねるようなケースも例としてあげる事ができるだろう。これらの場合の処罰について、厳格故意説では対応できず、処罰の範囲が狭くなってしまうという批判がされるようになった。

この、厳格故意説の難点を解消すべく戦後になって登場したのが、同じく故意説に分類される**制限故意説**である。制限故意説は、故意犯として処罰するためには、現実の違法性の意識までは必要とされないが、**違法性の意識の可能性**は必要であり、その可能性すらなかった場合には、故意がないとする説である。

この説は、たとえ確信犯や常習犯であっても、自らの行為が一般的には悪いことだと意識する可能性があれば、違法性を意識する可能性があるのに違法性を意識しなかった人格を形成した点について非難可能であり、故意犯として処罰できるとしたため、厳格故意説の難点を克服したものとして通説化した。

とはいえ、制限故意説にも**理論的な難点**がある。それは、「(違法性の意識の)可能性があるから故意がある」とする点である。故意というのは、あるかないか、認識しているかいないかの話であって、可能性の話ではないのである。可能性を論じるならば、過失の領域でするべきだろう。すでに見たように、過失論は結果を予見する「可能性」と、結果を回避する「可能性」を問題とするものであるからである。

故意説は、違法性の意識(の可能性)を故意の問題としてとらえていたが、厳格故意説・制限故意説のいずれも理論的に問題を抱える結果となった。そのような状況で、違法性の意識の問題を、**故意とは別個の責任要素**としてとらえる責任説が登場したのである。**責任説**は、制限故意説と同じく違法性の意識の可能性を必要とするのだが、その違法性の意識の可能性を欠いたときは、故意がないとするのではなく、**責任が阻却される**、と考える立場である。

このように、違法性の意識学説に関しては各種の対立が存在している状況であるが、判例はどのように違法性の意識に関する問題を処理しているのであろうか。実は、判例は大審院・最高裁を通じて、伝統的に**「違法性の意識不要説」**を採用しているといわれている。これではあまりに権威主義的・必罰主義的だという学説からの批判はあるが、実際の結論としてはそれほど問題のあるものはない。その理由は、判例の立場が、違法性の意識は不要であるとしつつ、**違法性の意識の可能性を不要とはいっていない**点にあるとされている。

最高裁は「百円札模造事件」において、有罪の結論を導く上で、違法性の意識を欠いたことについて**「相当の理由」**がなかったことを理由としている**（最決 昭62・7・16）**。裏を返せば、違法性の意識を欠いたことについて「相当の理由」があるならば、無罪の結論が出ていたということである。違法性の意識を欠いたことに相当の理由がある場合とは、違法性の意識の可能性がない場合とも考えられるため、**判例は実質的には違法性の可能性を考慮している**ともいわれている。

実際問題として、判例が故意を認めているケースは、行為者に「違法性の意識を可能にするような事実の認識」があった場合だという指摘もなされている。つまり、判例は違法性の意識は不要としつつも、「これだけの事実を認識しているのだから、自らの行為が違法であると意識できたであろう」という実質的な判断をしているのである。どこまでの認識があれば、違法性の意識を可能とするかは、あくまで実質的な判断なので、それぞれの犯罪に応じて異なることになろう。

刑法と同じく刑罰法規である**労基法**を例に考えてみよう。従業員が定時を過ぎてもなお残業をしていることを認識した使用者がいたとする。この事業所は時間外労働に関する36協定の締結がなされていないとしよう。仮に定時が18時だとして、18時10分にまだ机に向かって時間外労働をしている従業員の姿を使用者が認識したら、労基法違反の故意ありといえるのであろうか。

労基法第5条には「使用者は、暴行、脅迫、監禁その他精神又は身体の自由を不当に拘束する手段によって、労働者の意思に反して労働を強制してはならない。」とある。

この規定からも明らかなように、刑罰法規である労基法が想定している故意とは、**「労働者の意思に反して労働を強制する」**レベルのものなのである。ただ単に、定時を10分過ぎても従業員が労働しているというだけの認識をもって、使用者に労基法の**「違法性の意識を可能とするだけの事実の認識」**があったとはとても言えないだろう。従業員は帰ろうと思えばいつでも帰れる状況にあったのであり、使用者も時間外労働に関して何らの指示もしていないのである。労基法は故意犯のみを処罰する刑罰法規であるが、この事例における使用者は違法性の意識を欠いており、故意があるとはいえないのである。

違法性の意識は刑法上でも学説の対立が激しく、また判例と学説も対立している箇所であるため、その理解は非常に難しい。しかし、故意とは何か、なぜ違法性の意識、あるいはその可能性を考えなければならないのかという原点だけはしっかりと押さえておいてもらいたい。責任とは行為者を非難することであり、どれだけの認識があれば、行為者を非難することが可能か、という点から考えれば、問題の理解が進むはずである。

2 責任能力

責任能力とは、構成要件に該当する違法な自己の行為について、責任を負う能力のことをいう。現行刑法では、**第39条**と**第41条**が責任能力について規定している。

刑法第39条第1項は、「心神喪失者の行為は、罰しない」、とし、**同条第2項**は、「心神耗弱者の行為は、その刑を減軽する」と規定している。

心神喪失とは、精神の障害により、事物の理非善悪を弁識する能力（**弁識能力**）またはその弁識に従って行動する能力（**制御能力**）のない状態をいう。弁識能力を欠けば、それだけで心神喪失とされ、また、弁識能力があったとしても、制御能力がなければ、同じく心神喪失の状態とされる。

心神喪失者は、法に従って自己の行為を動機づけるための能力を全く欠いている状態であるため、責任無能力とされ、犯罪が成立しない。

心神耗弱とは、精神の障害が、弁識能力または制御能力を欠如する程度には達していないが、その能力が著しく減退した状態とされる。心神耗弱者は法に従って自己の行為を動機づけることが不可能とまではいえないが、著しく困難になっている状態であるため、限定責任能力は認められるものの、刑を必要的に減軽することとされているのである。

心神喪失・心神耗弱の原因となる精神の障害のことを**「生物学的要素」**といい、弁識能力と制御能力のことを**「心理学的要素」**という。生物学的要素と心理学的要素の両方の存在が肯定されることで、責任無能力または限定責任能力の状態にあると判断される、混合的方法を刑法は採用している。判例は、責任能力の判断に関し、「被告人の精神状態が**刑法第39条**にいう心神喪失又は心神耗弱に該当するかは法律判断であるから専ら裁判所の判断に委ねられている」としている**（最決 昭59・7・3）**。

また、**刑法第41条**は、「14歳に満たない者の行為はこれを罰しない」と規定している。14歳未満の者**（刑事未成年者）**は、人間形成の途上にあることを考慮して、一律に責任能力がない扱いをしている。

3 原因において自由な行為

刑法上の責任は個別の行為について問題となるものであるため、責任に関する要件は、個々の行為の時点で備わっていることを要する。刑法は犯罪行為がなされたとき、行為者に責任能力がない場合は無罪とする原則**（同第39条第1項）**を打ち立てている。このことを**「行為と責任の同時存在の原則」**という。

この原則から、責任能力は行為**（実行行為）**の時点で備わっていることが要求されることになる。つまり、実行行為時に自分の行動が理解できないような人に対しては、構成要件に該当して違法な行為（たとえば殺人行為）をしても責任非難を向けられず、犯罪が成立しないのである。

しかし、この原則を単純に維持することができない場合が存在する。たとえば、気も弱く酒にも弱い男Aが、近隣トラブルのせいで長年恨みに思っていた隣人Bを殺す前にウイスキーでもがぶ飲みして勢いをつけようと自宅で大量に飲酒して、そのまま日本刀を持参してB宅に赴き、逃げまわるBを追いかけ刺殺したような場合、実行行為の時点では、アルコールによって病的な酩酊に陥っており責任能力がないことも考えられる。

また、覚せい剤を打つと心神喪失になる体質の暴力団員Xが、覚せい剤を注射することで自己を何がなんだかわからなくなった状態に陥れて、対立する暴力団員にピストル持参で殴りこみをかけることを計画した。これは、自分を故意に責任無能力状態に陥れて実行行為を行おうというものである。そして、実際に殴りこみ直前に「景気づけだ」と覚醒剤を打ち、そのまま暴力団事務所に突入し、対立する暴力団員Yをピストルで射殺してしまった。この時点でXは覚せい剤の影響で**心神喪失状態**に陥っていたのである。

これらの場合、AやXを殺人罪に問うことはできるのであろうか。覚せい剤を打ち始めた時点では完全な責任能力があったものの、法益侵害の結果を現実化させる行為の時点では、責任能力がなかった。このような場合に、同時存在の原則からは、AやXは無罪という結論が導かれてしまう。仮に、AやXが実行行為時に心神喪失の状態にまでは至らず、限定責任能力の状態であった場合でも、刑が必要的に減軽されることになる**（刑法第39条第2項）**。AやXが実行行為時に責任無能力、限定責任能力、どちらであったとしても、自ら意図した結果を引き起こしているのに、あまりに不当な結論に至ってしまうのである。

そこで、原因行為（飲酒行為や覚せい剤を注射する行為）の時点では完全な責任能力があることから、このような行為を**「原因において自由な行為（actio libera in causa）」**としてとらえ、行為者の完全な責任を問うための理論的工夫がなされている。これは、原因行為時に責任能力があって、事物の理非善悪を弁識できる者が、自分が将来陥るであろう心神喪失状態（あるいは心神耗弱状態）を利用して犯罪を実現した場合、行為時に心神喪失状態（あるいは心神耗弱状態）に陥っていたとしても、**刑法第39条**を適用しない、という考え方である。

この、原因において自由な行為に関して、どのような理論的構成で行為者に完全な責任を問うかについては、学説上の対立がある。かつての通説は、原因において自由な行為を間接正犯と類似したものととらえている**（間接正犯類似説）**。この説は、責任無能力状態になった自己を道具として犯罪を実現したことは、責任のない他人を道具として利用し犯罪を実現する間接正犯の道具理論と同様の構造をもっていると解し、間接正犯における利用行為に相当する原因行為の時点で責任能力があれば、完全な責任能力を問えるとするものである。

間接正犯の場合、たとえば、医師が情を知らない看護師に毒入り注射を渡して患者を殺させるような場合が挙げられた。間接正犯の場合の医師が、原因において自由な行為での原因行為を行った時点、そして間接正犯における看護師が、原因において自由な行為では結果を発生させる行為を行った時点に相当するというように理解するわけである。

ただ、間接正犯類似と捉えた場合、先の例の殺害行為の時点で、Aに責任能力がない場合は道具理論で完全な責任を問えるのに、限定責任能力にとどまったような場合には、軽い処罰にとどまることになってしまう。これでは、より責任能力がある方が罪が軽くなるというバランスを欠いた結論になると批判されている。

そこで、責任能力のある時点での犯罪実行に向けた意思が、結果として実現されている場合には、意思が連続しているととらえ、全体として完全な責任能力を問うことが可能であるとする説が登場した。この説では、殺害行為の時点で、行為者が責任無能力であろうと、限定責任能力の状態であろうと、完全な責任能力ありとすることができるとし、行為と責任の同時存在の原則に修正を加える立場で、近時の有力説となっている。

4 期待可能性

期待可能性とは、行為時の具体的事情の下で、違法行為を避けて適法行為に出ることを行為者に全く期待することが出来ない場合をいう。適法行為の期待可能性がなければ行為者を非難することはできない。そこで、期待可能性が要求されるのである。

かつては、責任の要素は、故意・過失という心理的要素に尽きるものと考えられていた(**心理的責任論**)。これは、純粋に自然科学的見地から責任を考える立場によるものであったが、責任とは、法的見地からも検討されるべきものだという考え方が次第に強まり、行為者を非難し得ない事情が存在する場合には、責任阻却を認めるべきという考え方が主流となった(**規範的責任論**)。期待可能性の理論は、この規範的責任論の中核となる理論である。

期待可能性が論じられるきっかけとなった事件としては、19世紀末ドイツの「暴れ馬事件」がある。手綱に尾を絡みつかせて、御者の思うように制御できない可能性のある馬がいた。御者だけでなく主人もその癖のことは知っていたが、主人は御者に対し、その馬に馬車を引かせるように命じ、その結果馬が暴れだし通行人を怪我させた。罪に問われた御者に対し裁判所は、御者にとって主人の命令を拒否することは職を失うことを意味するため、命令を拒否することは期待できなかったとして、無罪としたのである。

現行刑法において、期待可能性について定めた条文はない。そのため、責任阻却の事由として適法行為の期待可能性の不存在を肯定することは、条文にはない**超法規的責任阻却事由**を認めるということになる。

条文に直接の根拠を持たないとはいえ、刑法の規定には期待可能性の存在を前提としたと思われるものが各所に見られる。たとえば、過剰防衛**（刑法第36条第2項）**・過剰避難**（同第37条第1項但書）**は、緊急事態において、過剰な行為に出てしまうことが、適法行為の期待可能性の面からすると、やむを得ない面もあり、その分責任非難の程度が減少するため、特別に刑の減軽・免除が認められていると通説は解している。また、犯人蔵匿罪**（同第103条）**は、犯人をかくまった者を処罰する法律であるが、犯人が逃げる行為そのものは処罰の対象となっていないのも、期待可能性がないことを考慮したものとされている。

では、その期待可能性は、誰を基準に考えるべきなのであろうか。これが期待可能性の判断基準といわれる問題である。

この点に関し、**⑴行為者標準説、⑵平均人標準説、⑶国家標準説**の三つの説が唱えられている。⑴の行為者標準説は、適法行為の期待可能性を行為者本人を基準として考えるという考え方だが、この考え方を貫くと、行為者本人にとっては仕方なかったのだ、という弁解を常に許すことになりかねないという批判がある。また、⑶の国家標準説とは、国家の視点から期待可能性を具体的状況に応じて判断すべきという考え方である。しかし、国家が期待できるときとはどのようなときなのかが曖昧であり、結局基準としての用をなさないと批判されている。そのため、従来の通説は、その状況に置かれた平均的な人間ならば、適法行為を期待することができたか否かという観点から期待可能性を判断する(2)平均人標準説を採用している。

判例は、大審院時代に第5柏丸事件（大判 昭8・11・21）において、期待可能性の減少を考慮したものとされる判決が見られるが、最高裁判例においては、期待可能性を理由とした無罪判決は出ておらず、最高裁の態度は明確でないのが現状である。

第七章

刑法各論の紹介

Gnothi Seauton
汝自身を知れ

Cogito,ergo sum
我思う故に我あり

1 刑法各論とは

ここまでは、刑法の総論分野についての入門的内容を解説してきた。刑法の解釈論は、**「刑法総論」**と**「刑法各論」**とに分けられる。**刑法総論とは、犯罪とされるために必要な一般的な成立要件について明らかにし、各種の検討を加えることを目的とする分野**である。他方、**刑法各論は、主に刑法総論を前提としつつ、個別の犯罪における固有の成立要件について明らかにし、各種の検討を加えるもの**である。

刑法総論というのは、およそ「犯罪」一般について、抽象的に議論するものといって良いだろう。犯罪が成立するためには、行為とその結果、そして両者の間に因果関係が存在する必要がある、などと各種の要件について検討していくわけだが、そこにいう「犯罪」とは、具体的に刑法第何条に定められた、何という犯罪なのかについて明示されているわけではないことが多い。一応、刑法総論では説明の便宜上、殺人罪**（刑法第199条）**を念頭におきつつ説明を展開することが多いのは事実であるが、そこで説明されたり議論されたりする内容は、殺人罪に限って当てはまる話というわけではないのである。

これに対し、**刑法各論**では、いよいよ数々の具体的な犯罪が登場するのである。少しだけ本書を読み進めるのを中断して、刑法にはどんな犯罪が規定されているか思い浮かべてみてほしい。

新聞報道やテレビの報道、インターネットのニュースや、サスペンスドラマなど、日常生活の中で具体的な犯罪名に触れる機会もよくあることなので、10個くらいの犯罪名は思い浮かぶのではないだろうか。殺人・傷害・暴行・窃盗・強盗・詐欺・横領・放火・業務上過失致死・危険運転致死傷・強制わいせつ・公務執行妨害…これらの罪が頭に浮かんだ方も多かったのではないだろうか。

以上のような具体的な犯罪は**「刑法第二編　罪」**に規定されている。手元に六法全書がある方は、ぜひ、**刑法第77条**以下を見てほしい。刑法は全部で264条あるが、その中で実に3分の2に相当する分量が刑法各論で扱う個別の罪なのである。このことからも、刑法各論の重要性が理解できるだろう。**刑法の真の主役は刑法各論と言っても過言ではないのである。**

刑法総論と刑法各論の関係とは、言うならばパソコンのOS（ウィンドウズやMac OSのような基本ソフト）とアプリケーションソフト（ワードやエクセル、ゲームソフトなど）の関係に似ている面がある。OSがなければパソコンは動かないが、OSだけを目当てにパソコンを買う人はいないだろう。ワードで文書を作成したい、エクセルで売り上げを集計したい、ゲームで遊びたいなど、多種多様のソフトを使うことで、初めてパソコンは本領を発揮するのである。もうおわかりだろうが、パソコンのOSに相当するのが刑法総論であり、アプリケーションソフトに相当するのが刑法各論である。

刑法各論の学習では、まさしく多種多様な犯罪を学ぶことになるが、その犯罪は**保護法益**の観点から、大きく三つに分類されている。保護法益とは、**刑法によって保護すべき利益のこと**であった。たとえば、殺人罪の保護法益は、「人の生命」である。刑法は犯罪を保護法益の観点から**1「個人的法益に関する罪」、2「社会的法益に関する罪」、3「国家的法益に関する罪」**の三つに分類しているのである。1の個人的法益に関する罪とは、個人の生命・身体・自由・平穏・名誉・信用・財産などに対する罪であり、その代表例としては、先ほどの殺人罪が挙げられる。2の社会的法益に関する罪とは、公共の安全や信用、風俗などに対する罪であり、放火罪などが含まれる。3の国家的法益に関する罪とは、国家の存立・作用に対する罪であり、公務執行妨害罪や、公務員の職権濫用罪などが含まれる。

刑法典上の条文の配列としては、国家的法益に関する罪、社会的法益に関する罪、個人的法益に関する罪の順番となっている。これは明治時代より受け継がれているものであるが、国民主権原理、個人の尊重原理に立脚する日本国憲法の下で刑法を講義する際は、個人的法益に関する罪から講義が始まり、社会的法益に関する罪、国家的法益に関する罪へと学習を進めていくのが一般的である。多くの基本書でも、現在はこの配列を採用している。

本書では、労働法を勉強する上で特に必要となる、労働基準監督官が職務権限を逸脱した場合に登場する犯罪について紹介しておくこととしよう。

2 労働基準監督官が職務権限を逸脱した場合

労働基準監督官が職務権限を逸脱した行為を行った場合に、それが刑法上の罪に該当することがあり得る。以下、どのような犯罪の、どのような構成要件に該当し得るのかを見ていくこととしよう。

1 職権濫用罪とは

汚職の罪（刑法第193条以下）は、職権濫用罪と収賄罪からなる。両者は、国家の作用を担当する公務員によって犯される罪であり、国家の作用をその内部から侵害する性格をもつ罪である。そのうち、職権濫用罪とは、公務員がその職務を適正に執行せず、職権を濫用することで、国民の権利・自由を侵害する罪である。

職権濫用罪は、公務員職権濫用**（同第193条）**、特別公務員職権濫用罪**（同第194条）**、特別公務員暴行陵虐罪**（同第195条）**および特別公務員職権濫用致死傷罪**（同第196条）**に区別される。

2 職権濫用罪の保護法益

職権濫用罪の保護法益については、**⑴公務の公正あるいは国家の威信にあるとする説、⑵個人の自由、権利であるとする説、⑶第1次的には職務の適正な執行という国家的法益**であるが、第2次的には、職権濫用行為の相手方となる個人の生命・身体の安全、身体活動の自由などの個人的法益であるとする説が対立している。

公務の公正という国家的法益が保護されるべきことはもちろんであるが、公務員がその権限を不法に行使するときは、その相手方である国民の身体・生命や財産にまで危害が及ぶ可能性もありうることを考えると、国民の自由・権利という個人的法益もまた保護法益と解すべきであることから、**⑶の立場が妥当**といえよう。

これは、国民主権・基本的人権の尊重の原理に基づく日本国憲法の制定によって、職権濫用罪の法定刑が大幅に引き上げられたという歴史的経緯にも合致する解釈である。

3 公務員職権濫用罪（刑法第193条）

（公務員職権濫用）

第193条 公務員がその職権を濫用して、人に義務のないことを行わせ、又は権利の行使を妨害したときは、二年以下の懲役又は禁錮に処する。

ここで、刑法総論で学んだことを復習しておこう。犯罪が成立するためには、構成要件該当性・違法性・有責性の3段階の検討を経る必要があった。構成要件該当性では、構成要件要素、主観的構成要件要素について、それぞれの要素が存在しているかを検討していく必要があった。客観的構成要件要素には行為の主体や客体、実行行為、結果、因果関係、行為の状況などがあり、主観的構成要件要素には故意・過失、主観的違法要素があるのは、すでに学習したところである。

刑法各論において、主に学ぶべきことは、構成要件該当性を満たすために必要な客観面、主観面の構成要件要素なのである。違法性や、有責性に関する問題については、個々の犯罪について、特に考慮を要する問題（論点）がある場合にのみ、触れていくことになる。では、公務員職権濫用罪の構成要件要素について、主なものを見ていくこととしよう。

(1) 主体

本罪の主体は、公務員である**（刑法第7条）**。身分があることによって、初めて犯罪行為となる犯罪を**真正身分犯（構成的身分犯）**というが、本罪は公務員という身分を有するものでなければ犯し得ない真正身分犯ということになる。

(2) 客体

本罪の客体は、人である。その範囲については制限がない。公務員も客体となる。

(3) 行為

本罪の行為（実行行為）は、職権の濫用により、人に義務のないことを行わせ、または権利の行使を妨害することである。

① 職権とは

職権濫用にいう「職権」とは、**判例によれば公務員の一般的職務権限のすべてをいうのではなく、職権行使の相手方に対し法律上、事実上の負担ないし不利益を生ぜしめる特別の職務権限をいう**とされている**（最決 平元・3・14）**。

この職権を濫用することにより、「人に義務のないことを行わせ、又は権利の行使を妨害したとき」（「権利妨害等」を行ったとき）に公務員職権濫用罪が成立するわけだが、この権利妨害などについて、かつては強要罪と同様に行動の自由を侵害するものと理解する立場が一般的であったが、現在では一定の作為・不作為を強制することまでは不要で、事実上の不利益を受任させることを含むと解する立場が多数説となっており、判例も職権行使の相手方に意思に直接働きかけて、何らかの作為を行わせることまでは要求していない**（最決 平元・3・14）**。

② 濫用とは

職権の「濫用」とは、公務員が、その一般的職務権限に属する事項につき、職権の行使に仮託して実質的に、具体的に違法・不当な行為をすることをいう**（最決 昭57・1・28）**。たとえば、裁判官が女性の被告人に対し、被害弁償のことで会いたいなどといって喫茶店に呼び出し同席させるような行為は、一般的職務権限に属し**（最決 昭60・7・16）**、それを濫用しているので本罪が成立する。

これを労働基準監督官に置き換えれば、男性の労働基準監督官が、女性事業主に対し、「貴社在職中の労働者から時間外労働手当請求の申告があった」ということで、「会いたい」などといって、居酒屋に呼び出し同席させるような行為は、一般的職務権限に属し、それを濫用しているということである。さらに、男性の労働基準監督官が女性事業主に対して、個人の携帯電話の番号を聞き出し、勤務外に携帯電話をかけてくるような行為は、これも一般的職務権限に属し、これを濫用しているので本罪が成立する。

なお、職権の濫用については、**私的な行為にもかかわらず、職務の遂行を仮装する形式で濫用される職務仮装型**と、**職務行為の要件が充足されていないにもかかわらず、職権が濫用される職務遂行型**とに分けられる。前述の裁判官が女性を喫茶店に呼び出す事例は、職務仮装型ということになる。他方、職務遂行型の例としては、警察官が警備情報を得るため、日本共産党中央委員会国際部長宅を盗聴した事案**（最決 平元・3・14）**がある。

(4) 結果

「義務のないことを行わせ」とは、まったく義務のないことを行わせることの他、一応義務のあるときに、その義務の履行期を早めたり、これに重い条件を加えるなど、義務の能様を不利益に変更することも含まれる。

「権利の行使を妨害し」とは、法律上認められている権利の行使を妨げることである。強制や妨害は必ずしも法律上の権利であることを要せず、事実上の負担や不利益が生じる場合にも認められる（**前掲最決 平元・3・14**）。

なお、本罪が既遂となるためには、現に人が義務なきことを行わされ、又は権利の行使が妨害されたという結果の発生が必要である。

本罪は、結果犯であり未遂を処罰しないことになっているから、「人に義務のないことを行わせ、又は権利の行使を妨害したとき」にのみ成立する。したがって、職権を濫用して相手方を呼び出したところ、相手方がこの呼び出しに応じなかった場合、盗聴機器を設置したが盗聴できなかった場合などには本罪は成立しない。

4 特別公務員職権濫用罪（刑法第194条）

（特別公務員職権濫用）

第194条 裁判、検察若しくは警察の職務を行う者又はこれらの職務を補助する者がその職権を濫用して、人を逮捕し、又は監禁したときは、6月以上10年以下の懲役又は禁錮に処する。

(1) 主体

本罪の主体は、裁判、検察、警察の職務を行う者とこれを補助する者である。これらの者を一般の公務員と区別して特別公務員という。特別公務員は、その職務の性質上、人の逮捕や監禁に関する事務を取り扱うため、不当に逮捕や監禁をするなど、人権を侵害する危険があるところから、特別公務員が職権を濫用して違法に逮捕、監禁したときは、一般の逮捕、監禁罪**(刑法第220条)**よりも刑を重くしている。

逮捕・監禁罪は特別公務員という身分がない者でも実行し得るが、特別公務員という身分の存在によって、刑が加重されることになるのである。このように、身分がなくとも犯罪行為となるが、身分の存在により刑が加重または減軽される犯罪類型を**不真正身分犯(加減的身分犯)**という。

職権濫用罪は真正身分犯、特別公務員職権濫用罪は不真正身分犯であり、両者の区別については注意されたい。

「裁判、検察若しくは警察の職務を行う者」とは、裁判官、検察官、司法警察員をいう。「補助する者」とは、裁判所書記官、検察事務官、司法巡査などのように、その職務上、補助者の地位にある者をいう。単に事実上補助する私人などは含まない。したがって、警察署長の委嘱を受けた少年補導員は警察の職務を補助する者にあたらない**（最決 平6・3・28）**。

⑵ 行為

本罪の行為は、職権を濫用して、人を逮捕または監禁することである。特別公務員が一般的な権限に属する事項について、それを不法に行使する場合である。本罪は、特別公務員がその職務上行ったものでなければならないから、特別公務員でも職務と関係なく、人を逮捕、監禁したときは、本罪は構成しないが、逮捕、監禁の罪**（刑法第220条）**で処罰される。

労働基準監督官が行う臨検などの場面で、どのような行為を行ったときにこの罪に問われるかを考えてみよう。

たとえば、監督官が労働者から「未払い残業代がある」と申告され、事業所で調査を行ったときに、「自分は司法警察員だ。私の説明が理解できるまで帰さないぞ」などと、行政指導の相手方である事業主に、司法警察員であることを利用して恐怖の念を抱かせ、相手方の意思に反して、職務権限を逸脱した義務なきことの履行を強要させた場合は、特別公務員職権濫用罪を構成するものと解される。

5 特別公務員暴行陵虐罪（刑法第195条）

（特別公務員暴行陵虐）
第195条 裁判、検察若しくは警察の職務を行う者又はこれらの職務を補助する者が、その職務を行うに当たり、被告人、被疑者その他の者に対して暴行又は陵辱若しくは加虐の行為をしたときは、7年以下の懲役又は禁錮に処する。
2 法令により拘禁された者を看守し又は護送する者がその拘禁された者に対して暴行又は陵辱若しくは加虐の行為をしたときも、前項と同様とする。

(1) 主体

本罪の主体は、1項については、前条同様、裁判、検察、警察の職務を行い、もしくはこれを補助する者であり、また、2項は、法令により拘禁された者を看守または護送する者であり、本罪も身分犯である。

「裁判、検察若しくは警察の職務を行う者」とは、裁判官、検察官、司法警察員をいう。

「補助する者」とは、裁判所書記官、廷吏、検察事務官、司法巡査をいう。職務上補助者の地位にない者は本罪の主体にはならない。

(2) 客体

本罪の客体は、**「被告人、被疑者その他の者」（刑法第195条第1項）、および「拘禁された者（被拘禁者）」（同条第2項）である。**その他の者とは、証人、参考人など捜査・公判上、取調べの対象になる者をいうが、およそ裁判・検察・警察の職務の対象となる者であれば足りる。

本罪の主体は、特別の権力的地位にある者であるから、その職権を濫用するおそれを防止するため、職権行使の対象となる者については、その客体を広くしておく必要性が認められるためである。

(3) 行為

本罪の行為は、職務を行うに当たり、暴行または陵辱・加虐の行為をすることである。

「職務を行うに当たり」とは、職務を行うに際してという意味である。職務執行に際しての暴行・虐待行為であることが必要とされる。「暴行」は、広義の暴行で足りると解すべきである。

「陵辱若しくは加虐の行為」とは、暴行以外の方法によって、精神的または肉体的に辱めたり、苦痛を与えるような一切の虐待行為をいう。

それでは、労働基準監督官が行う臨検などの場面で、どのような場合がこの罪に問われるかを考えてみよう。

監督官が労働者から「未払い残業代がある」と申告され、事業所に調査に出向いた際、事業主が思うように言うことを聞かなかったため、「ふざけるな！　貴様は、労働法などというものを何も勉強していないくせに、監督官に対して生意気な口をきくな！ガタガタ言うなら、送検して逮捕するぞ」などと罵声を浴びせ、目の前の机を、勢いよく両手で叩いたり、椅子を蹴り倒したりして、義務なきことの履行を強要させるようなケースである。

このような行為は、司法警察員の地位を利用し、行政指導の相手方に恐怖の念を抱かせ、相手方の意思に反して、職務権限を逸脱した義務なきことの履行を強要させるものであるため、特別公務員暴行陵虐罪を構成するのである。

6 特別公務員職権濫用等致死傷罪（刑法第１９６条）

（特別公務員職権濫用等致死傷）

第１９６条　前二条の罪を犯し、よって人を死傷させた者は、傷害の罪と比較して、重い刑により処断する。

本罪は、特別公務員職権濫用罪、および特別公務員暴行陵虐罪の結果的加重犯である。**結果的加重犯とは、基本となる犯罪（基本犯）から重い結果（加重結果）が発生した場合に成立する、基本犯よりも刑が加重された犯罪である。**たとえば、AがBを傷つけるつもり（死の結果に関する認識・認容、つまり殺人罪の故意はないものとする）で傷害罪**（刑法第204条）**を犯し、その行為によってBの死という重い結果が生じた場合には、Aに傷害致死罪**（同第205条）**が成立することになる。この場合、傷害罪が基本犯となり、傷害致死罪が結果的加重犯という関係になる。これと同様に、特別公務員職権濫用等致死傷罪の場合は、特別公務員職権濫用罪および特別公務員暴行陵虐罪が基本犯となり、特別公務員職権濫用等致死傷罪が結果的加重犯という関係になるのである。たとえば労働基準監督官が臨検の際に、事務所に労働基準監督官が複数名押し寄せて事業主が一人で対応していた状態で、質問に答えようとしない事業主に対して、長時間にわたり机をドンドンと叩いたり、椅子を蹴り倒したりして威迫した結果、恐怖に駆られた事業主がその場から慌てて逃げようとして労働基準監督官がけり倒した椅子に足を取られて転倒して負傷したような場合は、特別公務員暴行陵虐罪の結果的加重犯としての特別公務員職権濫用等致傷罪が成立するのである（傷害の結果が生じた場合は「致傷罪」、死の結果が生じた場合は「致死罪」となる）。

「傷害の罪と比較して、重い刑によって処断する」とは、傷害罪、傷害致死罪の法定刑と特別公務員職権濫用罪、特別公務員暴行陵虐罪の法定刑と比較して、上限、下限とも重い方をもってその法定刑とするという意味である。

なお、本罪に関連して、国家賠償等請求事件 **（新宮労基署職員国家賠償事件 和歌山地判平17・9・20）** がある。この事案は、夫の労災申請のため労働基準監督署の窓口を訪れた妻に対し、担当官が申請を拒絶するため、違法に断定的言辞及び侮辱的言辞を浴びせて、うつ病状態に陥らせたというものであり、被告の国に対して、不法行為に基づく損害賠償の支払いが言い渡された。

労働基準監督官が行う臨検などの場面で考えられるケースとしては、残業代支払いについて、2年間遡及是正の勧告につき、勧告に従わないからと、会社に執拗に電話を掛けたり、事業主の自宅に出向いたりした。この結果、事業主がうつ病になってしまったというようなケースで、監督官の行為と疾病の発症に因果関係が認められるとき、特別公務員職権濫用等致傷罪を構成するものと解される。

7 脅迫の罪

(1) 意義

脅迫の罪とは、脅迫・暴行を手段として個人の意思活動ないし意思決定の自由を侵害することを内容とする犯罪である。

脅迫罪の保護法益は、個人の意思の自由（意思決定および意思活動の自由）である。意思の自由は身体行動の自由とともに、生命・身体に次いで重要な法益である。**憲法第19条**は、「思想及び良心の自由はこれを侵してはならない」として、意思の自由を基本的人権の一つとして保障している。

(2) 類型

脅迫の罪として刑法が規定しているものとは、脅迫罪（刑法第222条）および強要罪（同第223条）である。

（脅迫）
第222条　生命、身体、自由、名誉又は財産に対し害を加える旨を告知して人を脅迫した者は、2年以下の懲役又は30万円以下の罰金に処する。
2　親族の生命、身体、自由、名誉又は財産に対し害を加える旨を告知して人を脅迫した者も、前項と同様とする。

（強要）
第223条 生命、身体、自由、名誉若しくは財産に対し害を加える旨を告知して脅迫し、又は暴行を用いて、人に義務のないことを行わせ、又は権利の行使を妨害した者は、3年以下の懲役に処する。
2 親族の生命、身体、自由、名誉又は財産に対し害を加える旨を告知して脅迫し、人に義務のないことを行わせ、又は権利の行使を妨害した者も、前項と同様とする。
3 前二項の罪の未遂は、罰する。

(3) 脅迫罪（刑法第222条）

① 客体

本罪の客体は、人である。自然人の他、法人を含むかについて、判例は、人の意思活動ないし意思決定の自由が保護法益であるという理由から、法人については否定している。

② 行為

本罪の行為は、**相手方またはその親族の生命、身体、自由、名誉または財産に害を加えるべきことをもって人を脅迫することである。**

刑法上、脅迫という概念は、その方法および程度によって、次の三つの異なった意味に用いられているので、ここでまとめて説明しておくことにしよう。

a 広義の脅迫

広義の脅迫は、**単に害悪を告知すれば足り、害悪の内容・性質・程度のいかんを問わず、また、告知の方法を問わない。**たとえば、公務執行妨害罪（刑法第95条第1項）にいう「脅迫」がこれに当たる。

b 狭義の脅迫

狭義の脅迫は、**脅迫の罪における「脅迫」であり、相手方またはその親族の生命・身体・自由・名誉・財産に対し害悪を加えることを相手方に告知すること**である。

c 最狭義の脅迫

最狭義の脅迫は、**強制わいせつ・強制性交等罪（刑法第176条、同第177条）および強盗罪（同第236条）における「脅迫」であり、これは何らかの害悪を告知する行為でよいが、通常相手方の反抗を抑圧する程度のもの**であることを要する。

脅迫罪にいう脅迫は、狭義の脅迫である。ここで、害悪の告知ということで注意しておくことは、**告知の事実の内容は人が怖がるようなものでなければならず、また、それだけで十分だということ**である（**大判 明43・11・15**）。ただし、告知した事実の内容が、一般人が怖がらないような事実であれば脅迫にはならない。

しかし、一般の人を標準として客観的に人が怖がるようなことを告げたにもかかわらず、相手方がたまたま大胆な人物であったため、少しも怖がらなかったとしても、脅迫罪が成立する。どの程度のものであれば人が怖がる性質の告知内容といえるかは、具体的には社会通念によって決めるしかない。

つまり、**脅迫の際の時間とか場所といった具体的状況を考えて判断されることになる。**同じことでも、昼間と夜間では、相手によって怖がる程度にも違いがあるし、夜間でも時間によって相当な違いがあり、また通行人の有無、場所などでも事情が違う。

告知の方法に関しても、相手方が加害の告知を認識できればよいから、文書、口頭のいずれでもよく、明示的でも、暗示的でもよい。加害の告知方法のいかんを問わない。また、害悪の告知は、脅迫を自身が直接に加えるものであろうと、第三者をして害を加えさせるものであろうとを問わない。

多数の威力を借りて人を脅迫したときは、「暴力行為等処罰ニ関スル法律」違反になる**(同法第1条)**。

脅迫と他の犯罪との関係について触れると、強盗罪のような脅迫を要件とする犯罪が成立するときは、脅迫罪はそれに吸収されて、強盗罪だけが成立する**(最判 昭23・7・1)**。監禁の手段として用いられた脅迫も監禁罪に吸収され、本罪は成立しない**(大判 昭11・5・**

30)。

しかし、監禁中になされた脅迫でも、監禁の手段ではなく別個の動機原因によるものであるときは、別に本罪を構成する（最判 昭28・11・27）。暴行を加えるべきことを告知した後、同一の日時・場所で殴打したときは、本罪は暴行罪に吸収される。

したがって、**債権取り立てに行った先で、「払わなければ殴る」と申し向けて、支払いを拒んだ債務者を殴った場合は、暴行罪だけが成立する（大判 大15・6・15）。**

しかし、他人を殺すといって脅迫し、かつ殺意なしに暴行を加えた場合は、暴行罪の他に本罪が成立する（大判 昭6・12・10）。

③ 監督官が行う臨検等の場面で

監督官が残業代未払いにつき是正勧告を出したところ、会社が従わなかった。そこで、監督官は出頭命令を出し、社長と役員を役所に呼び出し説得したものの、会社が協力を拒否したため、「私の説明が理解できるまで、何時間でもここにいてもらいます。」などというようなケースが脅迫罪を構成するものと解される。

8 強要罪

（強要）

第223条 生命、身体、自由、名誉若しくは財産に対し害を加える旨を告知して脅迫し、又は暴行を用いて、人に義務のないことを行わせ、又は権利の行使を妨害した者は、3年以下の懲役に処する。
2 親族の生命、身体、自由、名誉又は財産に対し害を加える旨を告知して脅迫し、人に義務のないことを行わせ、又は権利の行使を妨害した者も、前項と同様とする。
3 前二項の罪の未遂は、罰する。

(1) 意義

本罪の保護法益は、意思決定の自由および身体活動の自由である。本罪が成立するためには、義務のないことを行わせ、権利の行使を妨害することが必要である。

(2) 客体

客体は、脅迫罪と同じである。すなわち、人であり、自然人に限る。

(3) 行為

行為は、**相手方またはその親族の生命・身体・自由・名誉・財産に対して害を加えるべきことをもって脅迫し、または、暴行を用い、人をして義務のないことを行わせ、または、**

行うべき権利を妨害することである。

手段としての脅迫は、脅迫罪のそれと同一である。脅迫は、相手方に対して、直接相手方の生命・身体・自由・名誉または財産に害を加えるぞと言って脅かす場合だけでなく、「俺の言うとおりのことをしないと、お前の女房の命はないぞ」などと、相手方の親族の生命などに害を加えるような言動をして怖がらせることによって成立する。

暴行は広義の暴行をいい、被害者に対して直接に暴行が加えられる必要はなく、第三者ないし物に対する暴行もそれが被害者において畏怖し、恐怖を抱くに足りるものであれば暴行にあたる。労働関係でいえば、監督官が調査と称して、出頭しなければ逮捕すると申し述べて、何度も何度も出頭を命令するようなケースが考えられる。

「義務のないことを行わせる」とは、行為者において、本来なんらその権利ないし権能がなく、したがって、相手方にも義務がないのに、相手方をして作為・不作為を余儀なくさせることをいう。それが法律行為に属すると、単なる事実行為であるとを問わない**（大判昭16・2・27）**。

刑法学上、「行為」とは「人の意思に基づく身体の動静」と定義されることが一般である。行為には大きく二種類あり、まず、周囲の事物の因果の流れに変動を及ぼす行為を**「作為」**といい、他方、自らの意思に基づき、あえて周囲の事物の因果の流れに変動を及ぼさない行為を**「不作為」**という。作為の例としては、放置しておけばそのまま生存し続けていたはずの被害者を、その頚部を圧迫して窒息死させることであり、不作為の例としては、足を滑らせて川に転落した被害者を、あえて救助せずにそのまま放置することが挙げられる。

判例上に表れた強要罪の具体例として、13歳の子守の少女を叱責する手段として、水入りバケツ、醤油空樽などを数十分ないし数時間胸辺または頭上に支持させた場合（**大判 大8・6・3**）、名誉毀損または、侮辱罪を犯していない相手方に対して謝罪文を要求し、交付させた場合（**大判 大15・3・24**）、労働組合集会の視察に来ていた巡査部長に詫状を書かせて、参集者に読み上げさせた場合（**最判 昭34・4・26**）、官庁の雇員に恨みを抱いた者が、これを失業させようとして、その所属の長官に脅迫状を送り、部下である雇員を解雇させた場合（**大判 昭7・3・17**）、隠匿物資の保管者を脅迫して、その物資を譲渡する旨の意思表示をさせた場合（**最判 昭24・5・18**）などについて、本罪の成立を認めている。

なお、他人を強要した行為の一部に、相手方が行わなければならない義務に属する事項があっても、他の部分に義務に属しない事項があれば、強要罪となる（**大判 大2・4・24**）。

「権利の行使を妨害」するとは、他人の正当な権利の行使を妨げることである。判例は、新聞記者を告訴しようとしている料理店営業者に対し、もし、あえて告訴するならば、その経営する料理店に関して不利益な事項を自分の新聞に掲載すると告げて脅迫し、料理店の営業者をして告訴を思いとどまらせた場合について、本罪の成立を認めている（**大判 昭**

7・7・20）。

そのほかの例として、契約の解除権を行使させない場合、競技大会への出場を止めさせる場合、選挙権の行使を妨げる場合などをあげることができる。

これらの例でもわかるように、この犯罪と**刑法第222条**の脅迫罪との違いは、ただ脅かしを超えて人に義務のないことをさせたり、行うべき権利を妨害したりすることの他、暴行を用いて強制することも、やはりこの犯罪になるということである。

(4) 未遂

脅迫は未遂にとどまる限り処罰されないが、強要の未遂は未遂罪として処罰される。強要の手段として脅迫・暴行に着手したが、その結果として義務のないことを行わせ、あるいは権利の行使を妨害するに至らなかった場合に、強要未遂罪が成立する。

たとえば、人を畏怖させるに足りる暴行・脅迫を加えたが、相手方が恐怖心を抱かず、任意に義務のない行為をしたときは未遂罪になる。また、強要目的で相手に宛てた脅迫状を、その職場を郵送先として発信し、その職場に脅迫状が届いたところ、相手がそれを読むに至らなかった場合、脅迫自体は未遂であるが強要未遂罪が成立するものと解される。

(5) 他罪との関係

職務強要、強制わいせつ、強姦、逮捕・監禁、威力業務妨害、強盗、恐喝については、これらの罪に当たる事実が本罪に該当する場合であっても、これらの罪のみが成立し、本罪は別個に成立しない。

⑹ 監督官が行う臨検等の場面で

是正勧告は行政指導であり、その内容の実現は、相手の任意の協力によるところであるため、監督官には時間外割増賃金支払いの遡及是正につき、具体的な金額を示して支払うよう命令する権限はない。

また、労働基準監督官には、民事で争いのある部分につき、労働者の側に立って、賃金請求権を代理して請求する権限があるのかをはっきりさせておかなければならない。

つまり、公務員職権濫用罪のところで具体例として示したように、労基法上、すでに支払うべき残業代を支払っている事案につき、加えて、是正報告書も提出済みの事案で、労使で争いがある部分についてまで、監督官に**「支払え」と強要する権限があるかという問題である。**

交通事故が発生した場合、警察官が現場に出向き、その職務権限により、道路交通法の定めに従い、反則切符を交付したり、また、**刑法第208条**に規定される危険運転致死傷罪に該当するような場合には、加害者を現行犯逮捕することができる。

しかし、加害者に対して、「被害者にいくらの損害賠償を支払いなさい」などと、命令する権限はない。

また、警察官が税金滞納者に対して「税金を支払え、追徴金を合わせて○○万円いつまでに支払え」などということもできない。

なぜならこれは、職務権限に含まれていない、つまり所掌事務ではないからである。

これを**労基法**に置き換えれば、労働時間が既に確定しており、是正報告書に「いつまでに、いくら支払う」と具体的な金額が算出され、確定している場合には、仮に、その期日までに事業主が支払わなかったとすれば、「支払うといっていた残業代を支払いなさい」と再度、監督官が勧告することは職務権限であると解される。それでも、会社が支払いを拒むようであれば、悪質な故意があると判断され、その先に司法警察権の発動、つまり送検という手続も考えられよう。

しかし、労働時間の中身に争いがある場合にまで監督官が口を挟むのは、民事不介入の原則に違反している。今まさに、労使が自主的な解決に向けて対応している場面において、公権力を用い、一方当事者に加担し、他方当事者を不利益にさらすことは、明らかに公正中立を欠くものである。

いずれにせよ、**労働基準監督官に時間外割増賃金支払いの遡及是正につき、具体的な金額を示して支払うよう命令する権限はない**し、また、**監督官には労働者の賃金請求を当事**

者に代理して行う権限がない。事務所掌にないことを、そもそも公務員である監督官がしてはいけないのである。仮に、未払い賃金の是正遡及の支払額につき、当事者に争いがある場合には、不服のある労働者が民事訴訟を提起し、公正中立な立場で裁判官がこれを決すべきものである。このとき行政が介入できない理由は、もちろん、行政の民事不介入の原則による。

したがって、**職務権限を有さないことを知っていながら、命令して、義務なき支払いを会社にさせた場合には、公務員職権濫用罪（刑法第１９３条）を構成**する。仮に、公務員職権濫用罪が認められなかったとしても、勝手に事務所へ入り込み、大声を上げて不当に水増しされた義務なき残業代手当の支払いを強要しているのだから、**刑法第２２３条**の強要罪が成立する。この罪は未遂も罰せられるので、このような場合には、すでに罪が成立していることになる。

なお、監督官が、是正勧告に従わなければ、今後、会社に対して不利益に扱うと告知し、支払いを強要するケースも考えられる。具体的には、**労基法**では、**第19条第2項**の解雇予告除外認定をしない、**第56条**の年少者を就労さる場合の許可をしない、労働安全衛生法でいえば、**第37条**の、特に危険な作業を必要とする機械の許可をしない、**第56条**の危険物及び有害物を製造する許可をしない、といった不利益処分を背景に義務なきことを強要するというものである。

9 恐喝罪

（恐喝）
第249条 人を恐喝して財物を交付させた者は、十年以下の懲役に処する。
2 前項の方法により、財産上不法の利益を得、又は他人にこれを得させた者も、同項と同様とする。

（未遂罪）
第250条 この章の罪の未遂は、罰する。

(1) 総論

恐喝の罪は、**恐喝を手段として人に恐怖心を生じさせ、その意思決定、行動の自由を侵害して財物または財産上の利益を取得する罪**であるから、自由に対する侵害を伴う。したがって、本罪の保護法益は、財産の他に自由を含むが、しかし、その本質は財産罪である。本罪は、詐欺、脅迫、強要の各罪に類似する。

とくに、**被害者の瑕疵ある意思に基づく処分行為により財物または財産上の利益を取得するという点で、詐欺罪と共通する。**詐欺罪が欺罔という手段によるのに対して、恐喝罪では恐喝を手段とする点で違いがある。

また、恐喝罪と強盗罪とは、客体が共通するだけではなく、脅迫を手段とする点で行為態様においても類似するが、恐喝罪は、暴行・脅迫の程度が相手方の反抗を抑圧する程度に達しない行動をその内容としている点で、強盗罪から区別される。

さらに、人を脅迫して恐怖心を生じさせる点で強要罪**（刑法第233条）**と共通の性格をもつが、強要罪が人格に対する罪であるのに対して、恐喝罪は同時に財産罪である点で異なる。

恐喝罪の法益は、被害者の財産であるとともにその自由でもある。財産罪たる恐喝罪の保護法益については、本権説と所持説**（最判 昭24・2・8）**とが対立する。

被恐喝者と財物の交付者が同一人でない場合には、詐欺罪における被害者と異なり、恐喝行為の相手方となる被恐喝者も被害者となることに注意すべきである。

なお、監督官の臨検の場では、監督官が申告労働者のために、財産上の不法の利益を得させることになるので、2項恐喝の解説を試みる。

(2) 客体

本罪の客体は、財物以外のいっさいの財産上の利益である。

(3) 行為

本罪の行為は、人を恐喝して財産上不法の利益を得、また他人にこれを得させることである。

「恐喝」とは、財物を交付させる手段として、人を畏怖させるような行為をすることをいう。恐喝の手段は、脅迫の他に、暴行も含まれると解する。**脅迫・暴行は、相手方の反抗を抑圧するに足りる程度に達していないものをいう（通説・判例）**。

「脅迫」とは、相手方に恐怖心を生じさせるような害悪の告知をすることである。すなわち「そんなことをしたらこわい」と思わせるようなことを知らせることである。告知される害悪の種類に制限はない。脅迫罪**（刑法第222条）**のように、人の生命・身体・自由・名誉・財産に対するものに限らず、もっと広いものであってもよい**（大判 明44・2・28）**。

2項恐喝罪が成立するための4要件は、以下のとおりである。

① 犯人が相手を恐喝する（おどすこと）こと

② 相手方が畏怖する（こわがる）こと

③ 相手方が財産的処分行為をすること
④ その結果、相手方から犯人または他人へ財産上の利益が移転すること

「財産上の利益」とは、財物以外の財産的利益を意味し、積極的利益であると消極的利益であるとを問わず、また、一時的利益であるとを問わない**（大判 明45・4・22）**。たとえば、債務支払を一時猶予させること**（最決 昭43・12・11）**、債務を免除させたり、一時その支払いを免れること**（大判 昭8・12・18）**、他人を恐喝して金員の交付方を約束させた場合は、法律上正当にその履行を請求できないものであっても、財産上不当の利益を得たものとして解してよい**（最判 昭26・9・28）**。不法原因給付の返還や対価の請求を恐喝行為によって免れた場合についても、恐喝罪が成立する**（わいせつな写真代金につき 東京高判 昭38・3・7、売春の対価につき 名古屋高判 昭25・7・17）**。なお、非財産的利益を供与させるのは恐喝罪にならず、強要罪が成立する。具体例として、患者が医師を脅迫して、医師がその治療のために必要、適当と認めない麻酔薬の注射施用を強いる行為につき、強要罪の成立を認めたものがある**（高松高判 昭46・11・30）**。

(4) 財産的処分行為

本罪においても、処分意思に基づいて、財産上の利益を移転する行為、すなわち、財産上の処分が必要である。それゆえ、畏怖に基づく処分行為によって、行為者または行為者と一定の関係を有する第三者に財産上の利益を移転させることを要する。処分行為は、畏怖させ、**作為によると不作為によるとを問わない**。不作為の例としては、請求者を脅迫して畏怖させ、その請求を断念させるとか、一時その支払いを免れさせるとか、あるいは飲食代金の請求を受けた者が相手方を脅迫して畏怖させ、その請求を断念させた場合**（最決 昭43・12・11）**、タクシー代金を踏み倒す場合**（東京高判 昭31・4・3）**などである。

恐喝手段によって財物交付を受ける形式的名義を取得すれば、本罪の既遂が成立する**（大判 昭2・4・22）**。1個の恐喝行為によって財物を交付させ、かつ財産上の利益を受けた場合には、両者を包括した1個の恐喝罪が成立する**（大判 明45・4・15）**。

⑸ 監督官が行う臨検等の場面で

営業時間中の会社に赴き、社長が再三制したにもかかわらず、「元従業員A氏の残業代の算出につき、誤りがあるので、自分が計算してきたとおりの金額で差額を払え」などと大声を上げ続けた監督官の行為は、２項恐喝罪も構成する。

よって、支払いの義務なき金額を、第三者（労働者）が不当利得になるにもかかわらず支払えと、大きな声を出して会社を脅かし、こわがらせて支払わせるようにする行為は、会社が支払ってしまえば恐喝罪が、また、実際に支払いがされていなくても、恐喝罪の未遂を構成するものである。

10 逮捕及び監禁の罪

(1) 意義

人は、公共の福祉に反しない限り、その意思決定及び身体的活動を行うこと（憲法第13条）について、ある程度の自由を有しなければならない。このような個人の行動の自由は、生命、身体についで、個人の重要な法益である。

憲法第33条は、現行犯逮捕の場合を除いては、司法官憲の発する令状によらなければ逮捕されないことを明らかにしている。

また、**同法第34条**は、正当な理由がなければ拘禁されないとして、身体行動の自由を保障している。

そこで、**刑法は、第2編第31章に「逮捕及び監禁の罪」を置き、人を拘束し、その人の行動の自由を奪うもっとも代表的な自由侵害の罪として規定している。**

(2) 類型

刑法は、逮捕及び監禁の罪として、逮捕及び監禁罪**（刑法第220条）**および結果的加重犯としての逮捕等致死罪**（同第221条）**を規定している。

なお、別に特別罪として、特別公務員職権濫用等致死傷罪**（同第196条）**、また、法律上正当な手続きによらないで身体活動の自由を拘束されている者に対しては、人身保護法による救済手段が用意されている他、特別刑法の罪として人身保護妨害罪**（人身保護法第26条）**、職業紹介の罪**（職業安定法第63条1号）**などによって、目的活動の自由の保護が図られている。

(3) 逮捕及び監禁

> **（逮捕及び監禁）**
> **第220条**　不法に人を逮捕し、又は監禁した者は、3月以上7年以下の懲役に処する。

(4) 客体

本罪の客体である「人」が自然人であることはいうまでもないが、問題は、本罪が人の身体行動の自由を保護しようとするものであるから、身体行動の自由を持たないものも客体になりうるのかどうかということである。

この点については、たとえば、生後間もない嬰児のように**意思能力のない、しかも行動**

の自由を全くもたないものが本罪の客体となりえないことはもちろんである。しかし、たとえば、幼児や重度の精神障害者、泥酔者、睡眠中の者などについては議論が分かれている。

否定説をとる者は、これらの者は現実に行動不可能の状態にあるから行動の自由を侵害するということはありえないと主張するが、精神障害者や泥酔者は意思決定の自由は持たないにしても、本条でいう「人の行動の自由」はその人が望むときに行動できることを保護するものであるから、そのような者でも、不完全ながら身体行動は自由になしうるものであり、また睡眠中の者はいつ目覚めて身体行動をするかもしれないものであるから、客体になるものと考える。

本罪の客体の問題に関連して、本罪の成立に、被害者が逮捕・監禁の事実を認識していることが必要であるかどうかについて、見解が分かれているが、不知の間に拘束された場合でも、被害者が任意のときに自由な行動に移ることができない状態に置かれているという意味において、自由が拘束されているといえるから、被害者がその事実を認識しているかどうかに関係なく、本罪は**成立するものと解すべきであろう**。

生後1年7か月の幼児について、自分で任意に座敷を這い回ったり、壁、窓などを支えにして立ち上がり、歩き回ったりすることができた事実を認定して、右幼児が犯罪の被害意識を有していたか否かは本罪の成立におよそ妨げとなるものではない**（京都地判 昭45・**

10・12）。

さらに、婦女を強姦目的で偽計を用いて自動車に乗車させ、疾走した事案について、被害者が監禁の事実を意識する必要はないとして、監禁罪の成立を認めた**（広島高判 昭51・9・21）**。

⑸ 行為

本罪の行為は、不法に人を逮捕・監禁することである。

①「不法に」の意味

「不法に」とは、当然のことを表現したもので、ただ逮捕・監禁が適法に行われる場合が少なくないので、**注意的に規定されたものと解すべきである。**

たとえば、刑事訴訟法上の適法な令状による逮捕・拘引・拘留**（刑訴法第199条、第210条、第58条、第60条、第62条等）**、現行犯逮捕**（刑訴法第213条）**、精神保健及び精神障害者福祉に関する法律に定める手続による精神障害者の精神病院への入院措置**（精神保健及び精神障害者福祉に関する法律第29条以下）**などは、法令による行為として違法性を阻却する。

これに対して、雇主が、作業を怠った未成年者の雇人を荒縄で制縛した場合は、雇主は未成年者の雇人に対して当然に懲戒権を有する者ではないから、不法な逮捕であり**（大判**

大11・3・11)、工場主が職工の部屋の出入口の戸に外部から錠をかけて外部との交通を遮断した場合は、職工には、契約により労務遂行の義務はあるが、そのためにいっさいの自由が奪われているわけではないから、**不法な監禁となる**(**大判 大4・11・5**)。

なお、親は子供をしつけるために懲戒権をもっているので、その行使と認められる範囲であれば、不法に逮捕・監禁したということにはならないが、その範囲を逸脱したような場合には、親の子供に対する懲戒行為でも違法である。

たとえば、9歳の児童が盗み食いをしたというので、その癖を直すために、その児童の両手を針金で緊縛した上、押入れ内に閉じ込めて、用便・食事のとき以外は制縛を解かず、十数時間以上継続して閉じ込めるなど放置した場合は、不法に人を監禁したことになる。

また、最近では労働争議に関連して、逮捕・監禁が問題となることが多いが、その行為が目的・手段の相当性からみて社会的に許容されるものかどうかを判断するしかない。

たとえば、解雇撤回要求を貫徹するため、執務中の課長を強いて広場まで連れ出し、数時間にわたって数百名の組合員が円陣を作って取り囲み、その脱出を不可能にさせた事案について、監禁罪の成立を認めている(**最決 昭32・12・24**)。

また、警察官を無理にデモ隊の中に引っ張り込んで、スクラムを組んで行進中の列の中から脱出させないで連行する行為についても、監禁罪の成立を認めている。

②「逮捕」の意味

「逮捕」とは、人の身体に対して直接的な拘束を加えることをいう。その手段・方法を問わない。

たとえば、ロープなどで人を縛りつけるとか、人の両手をつかんで離さなかったりするような**有形的な方法**によるものと、ピストルを突きつけて「動くと撃つぞ」などといって脅迫して動けないようにしたり、警察官だと騙したりして官公署に連行したりする**無形的な方法**とがある。

脅迫の手段による場合には、被害者の抵抗または排除する程度に強度の脅迫を用いることを要する。もっとも、逮捕は、現実的な支配を必要とするから、脅迫して一定の場所に出頭させることは、まだ逮捕とはいえない。

逮捕は、監禁と同様、行動の自由を侵害することであるから、多少の時間継続することが必要である。そこで、一瞬時の拘束は暴行罪にはなっても、逮捕罪には当たらない。わら縄で被害者の両足を縛り、約5分間引きずり回した場合は逮捕罪が成立する**（大判 昭7・2・2）**。この意味で、逮捕罪は継続犯である。

③「監禁」の意味

「監禁」とは、人が一定の場所から脱出することを不可能、または著しく困難にし、そ

の行動の自由を拘束することである。監禁も逮捕と同じく、多少の時間継続することが必要である。

これについても、その方法に制限はない。**有形的な方法（部屋に鍵をかける等）**によるものであろうと、**無形的な方法（脅迫による監禁）**によるものであろうとを問わない。人を一室に閉じ込めて出入口に鍵をかけるとか、釘付けにするとか、番犬をおいたりして被害者の脱出を防止するとかいった場合、有形的な方法による監禁にあたるが、監禁は、人の恐怖心や羞恥心を利用したり、偽計によって被害者の錯誤を利用したりする無形的な方法によっても可能である。

恐怖心を利用する監禁の例としては、被害者を自動車に乗せたうえ、これを疾走させて容易に降車できないようにすること**（大判 昭10・12・3、最決 昭30・9・29）**、人を脅迫して一定の場所に連れてきてその身体を抑留し、後難を恐れて逃避をあえてしないようにすること**（大判 大13・10・13）**などがあり、羞恥心を利用する監禁の例としては婦人を浴室に閉じ込める意図で、入浴中の婦人の脱衣を持ち去るような場合があげられる。

偽計によって被害者の錯誤を利用した監禁を認めたものとされる判例として、接客婦として雇い入れた被害者が逃げたのでこれを連れ戻そうと考え、入院中の同女の母親のもとへ行くのだと騙して、あらかじめ自宅まで直行するよう言い含めて雇ったタクシーに乗り込ませ、自分もこれに乗り込み自動車を疾走させた事案につき、監禁罪の成立を認めたものがある**（最決 昭33・3・19）**。

婦人を強姦しようと企て、同女が帰宅中、「家まで乗せてやる」と騙して、同女を自分の運転する原動機付自転車の荷台に乗せて疾走した場合も同様に解することができる**（最決 昭38・4・18）**。

なお、監禁は不作為によっても可能である。たとえば、ビルの一室にいる者が誤って自動ドアを閉めてしまい、出ることができなくなっているのを管理人が知りながら、わざと外部から開けてやらずそのまま放置したような場合には、不作為による監禁が成立するものといえよう。

また、**間接正犯の形態でも行われる**。すなわち、**自分自身で手を下さず第三者、たとえば警察官を欺罔して逮捕させる場合**である。

被害者の脱出が不可能または著しく困難となる一定の場所は、必ずしも囲まれた場所である必要はない。たとえば、バイクに乗せて疾走することも監禁である**（前掲最決 昭38・4・18）**。海中に孤立した瀬標（陸地から最短距離約35メートル）に、被害者を脅迫したり暴行を加えたりして無理に上がらせたうえ、これを置き去りにして船で帰ったため、被害者が約1時間半ばかりそこから立ち去ることをできなくさせたという事案につき、監禁罪の成立を認めている**（長崎地判 昭33・7・3）**。

逮捕・監禁は前述したように、人の行動の自由を奪う行為であるが、その自由剥奪は全面的である必要はない。**広大な邸宅に幽閉し、その内部での日常生活につき行動の自由を認めても、監禁である。**なお、監禁の場所の内部に相当の設備があり、健康保全及び慰安娯楽の方法が講じてあっても、本罪の成立を否定するものではない**（大判 大4・11・5）**。

また、**監禁罪が成立するためには、一定の区域からの脱出が不可能である必要はなく、それが著しく困難であれば足りると解するのが通説**であり、判例も同様の態度を示している。たとえば、深夜、海上の沖合に碇泊中の漁船内に強姦の被害者を閉じ込めた場合には、被害者が泳いで行けば脱出が全く不可能というわけではないが、脱出を著しく困難ならしめたものといえよう**（最判 昭24・12・20）**。

脱出が著しく困難であるかどうかは、具体的事情を考慮に入れたうえで、客観的に決定されるべきである。たとえば、ある女性を部屋に閉じ込め鍵をかけて立ち去ったところ、その女性がたまたま錠外しの名人であったのですぐに脱出できたとしても、脱出を著しく困難ならしめたものとして、この場合は監禁にあたる。

なお、争議行為に行われた監禁は、社会通念上一般に許容される範囲内においては適法であるが、その程度を超える場合は違法性を帯びるとしている**（最判 昭28・6・17ほか）**。

④「逮捕」と「監禁」の限界

逮捕と監禁とは、一応概念的に区別することができるが、**その限界は必ずしも明確でない。**たとえば、路上の人にピストルを突きつけてその場から動くことができなくする行為とか、山林中の樹木に被害者を縛りつける行為とかは、逮捕であるか監禁であるかにつき見解が分かれるところである。

もっとも、両者は本来、同一構成要件内の行為態様にとどまるから、強いて区分する必要はないものといえる。また、逮捕と監禁とは、同一法条に規定された同一性質のもので、その態様を異にするにすぎないから、人を逮捕し、引き続いてこれを監禁した場合には包括して一罪を構成する**(最判 昭28・6・17)**。

(6) 監督官が行う臨検等の場面で

監督官が、職務権限の枠を超えて、つまり、調査に重大性・調査の緊急性・必要性が全くないにもかかわらず、突然会社に訪問し、社長や社員を会社の執務室に集め、長時間にわたり拘束し、義務なき演説を延々と聞かせたようなケースでは、場合によって監禁罪が成立すると解される。

11 逮捕等致死傷罪

（逮捕等致死傷）
第221条 前条（逮捕及び監禁）の罪を犯し、よって人を死傷させた者は、傷害の罪と比較して、重い刑により処断する。

(1) 結果的加重犯

逮捕・監禁罪の結果的加重犯である本罪が成立するためには、基本的行為である逮捕・監禁と人の死傷との間に因果関係が存在することを必要とする。

たとえば、逮捕・監禁の手段として殴打その他の暴行を加え、そのために被害者に傷害を負わせ、または死亡させた場合には本罪が成立する。

しかし、人を監禁し、その機会に被害者に暴行を加え、これを死傷に致らしめた場合でも、その暴行が、逃亡を防ぐ手段としてなされたといった監禁状態の維持・存続のために加えられたものでなく、別の動機原因から加えられたものであるときは、監禁と死傷との間には因果関係は存在せず、この死傷は監禁の結果として発生したものとはいえないから、本罪は成立せず、**監禁罪と傷害罪ないし傷害致死罪との二罪が成立し、併合罪**となると解する（**最判 昭28・11・27**）。

⑵ 成立要件

本罪成立の前提としては、基本犯である逮捕及び監禁罪（刑法第220条）の成立が必要である。したがって、適法な逮捕・監禁行為の結果、人を死傷に致らしめた場合には、過失致死傷罪が成立しうるにすぎない。たとえば、精神病者に対して、その監護上必要な程度を超えた緊縛を加え、そのために同人を死亡させた場合、右の程度を超過している事実を認識していたときは逮捕及び監禁罪が成立し、その認識を欠いていたときは、単に過失致死罪が成立するだけである。

なお、殺人の一手段として逮捕・監禁が行われたときは、それは殺人罪に吸収されて殺人罪が成立するだけで本罪は成立しない。たとえば、はじめから人を殺すつもりで、被害者を山小屋に監禁して、これを放置し、餓死させたような場合には、この監禁は殺人の手段であるから、殺人罪**（刑法第199条）**が成立するだけである。

また、逮捕または監禁中に新たに殺傷の意思が生じたときは、殺傷の意思の生ずるまでの逮捕・監禁と殺人・傷害行為は別個独立のものであるから、逮捕及び監禁と殺人罪または傷害罪との併合罪と解する。

⑶ 監督官が行う臨検等の場面で

少々乱暴な設定だが、次のようなことも考えられなくはない。

たとえば、監督官が、突然会社に訪問し、社長や社員を会社の執務室に集め、営業時間中、長時間にわたり拘束し、義務なき演説を延々と聞かせた。社長は「もういい加減帰ってほしい」と再三頼んでいたが、監督官はお構いなしに「皆さんがわかるまで説明を聞いてもらいます」と断固として耳を貸そうとしない。

社長が、「もう帰らせていただく。」と退室しようとしたとき、監督官が「まだ終わっていない」、と出て行こうとする社長の肩を掴み、乱暴に引き倒し、ケガをさせたようなケースが考えられる。

不法に監禁し、その状態を維持するために暴行したものであり、本ケースのような場合は、逮捕等致死傷罪が構成されるものと解される。

12 住居を犯す罪

第130条 正当な理由がないのに、人の住居若しくは人の看守する邸宅、建造物若しくは艦船に侵入し、又は要求を受けたにもかかわらずこれらの場所から退去しなかった者は、10万円以下の罰金に処する。

(1) 保護法益

住居は各人の城であるという諺はイギリスの諺であるが、どんなあばら家であっても、そこの私生活の平穏が外部から侵されないことはきわめて重要なことであって、住居の不可侵は憲法の保障するところである**（憲法第35条）**。そこで、**刑法の住居を侵す罪は、これを受けて私生活の平穏を保護法益としている。**

(2) 客体

客体は、人の住居及び人の看守する邸宅、建造物、艦船である。住居とは、人が日常生活を営むために占有する場所をいい、それが永続的であると一時的であるとを問わない。また、同一人が間断なく起臥寝食の用に供せられる場所であることを必要としないから、ホテル、旅館の一室も旅客が滞在しているときは住居である。**問題になるのは、家のまわりの生垣や堀などで囲いがあるとき、その囲まれた一区画（普通囲繞地とよんでいる）を含めて住居というかどうかであるが、積極的に解するのが最近の判例**である。

邸宅とは、たとえば空家のように住居の用に供する目的で作られた建造物であって、現に人の住居に使っていないものをいう。もちろん、囲繞地をも含む。

建造物とは、家屋その他これに類似した工作物で土地に定着し、人の起居出入に適する構造を有するものをいう。工場、事務所の建物、倉庫、官公署のようなものを指す。また、通常、市民の自由な出入りのために開放されている官公署の庁舎の出入口ないし廊下も建造物の一部である。囲繞地を含むことは住居の場合と同様である。

(3) 行為

行為の第一は作為犯であって、故なく侵入することである。行為の第二は真正不作為犯であって、要求を受けてその場所から退去しないことである。 故なく侵入するというのは、正当な理由が無いのに管理者の意思に反して立ち入ることをいう。その方法は公然であると否と、暴力によると否とを問わないが、立ち入りが住居者、看守者の意思に反していることを必要とする。したがって、住居者の同意があれば犯罪にならない。

しかし、住居の一部に入ることについて同意がある場合に、同意されていない他の部分に入ると不法に侵入したことになる。また、承諾は暗黙の承諾でもよいから、普通、友人や知人の宅を訪問するとか、喫茶店、公衆浴場、町役場などに立ち入る場合は、わざわざ明示の承諾を要しない。

故なくとは、正当な理由なくという意味であって、窃盗の目的、密通の目的、のぞき見の目的などいずれも故なくに当たる。要求を受けて退去しない場合の要求は、住居の管理者又は邸宅の看守者などその要求をなす権利のある者の要求であることを要する。他人を介して看守する者も退去要求権がある。たとえば、退庁後の町長が町役場に入った者に対し宿直員を介して退去を求める場合がこれに当たる。

(4) 住居侵入罪

正当な理由がないのに、人の住居又は人の看守する邸宅、建造物、艦船に侵入することによって成立する。 3年以下の懲役または10万円以下の罰金に処せられる **(刑法第130条前段)**。未遂も罰せられる **(同第132条)**。

住居侵入罪はいつ既遂になるかというと、身体の一部が入ればよいという説と、大部分が入ればよいという説と、全部入らなければならないという説があるが、身体の一部が入っておればよいという説が通説である。昭和22年までは、**刑法第131条**で皇居や神宮などに侵入する行為を特に重く処罰していたが、同年の改正で削除された。

(5) 不退去罪

人の住居または人の看守する邸宅、建造物、艦船に入った者が、要求を受けてその場所から退去しないことによって成立する。 退去しないこと、すなわち、何もしない不作為そのものが犯罪となるので、典型的な**不真正不作為犯**だといわれている。

不退去罪は、はじめ適法に入った場合のみ成立し、はじめから不法に侵入して退去しないときは、単に住居侵入罪が成立するだけで、その他に不退去罪が成立しないというのが判例（最判　昭31・8・22）である。不退去罪は、退去するまで継続する（継続犯）。不退去罪は故なく退去しないことによって成立するのであるから、退去しないことにつき正当な理由があるときは、違法性を欠き不退去罪は成立しない。3年以下の懲役または10万円以下の罰金に処せられる（刑法第130条後段）。

(6) 監督官が行う臨検等の場面で

① 住居侵入の罪

「重大性」「緊急性」「必要性」「相当性」のない調査のため、事業所を訪問し、会社の許可を得ることなく無断で事務所に侵入した場合は、明らかに職務権限を逸脱しており、公務員職権濫用罪を構成すると同時に、住居侵入罪も構成する。

② 不退去罪

同様に先の例において、社長が再三にわたり、監督官に対して「帰ってください」「出て行ってください」「顧客に迷惑がかかります」などと、要請したにもかかわらず、退去しなかったということになれば、同条後段の不退去罪も構成する。

以上、刑法各論については、主に労働基準監督官との接触の場面を例にとって、その限りで必要な犯罪類型についての解説を加えた。

刑法各論には、その他にも各種法益を保護すべく多くの犯罪類型が規定されているが、どの罪にしろ、刑法の基本である総論部分の理解なくしては、真の理解は成し得ない。

判例索引（時系列）

最決 昭 43・12・11 ……220

全司法仙台事件 最大判 昭 44・4・2 ……100

最判 昭 44・12・4 ……129

最判 昭 45・1・29 ……97

京都地判 昭 45・10・12 ……223

最判 昭 46・11・16 ……130

高松高判 昭 46・11・30 ……219

シンガー・ソーイング・メシーン事件 最判 昭 48・1・19……111

久留米駅事件 最判 昭 48・4・25 ……100

猿仏事件 最大判 昭 49・11・6 ……34

最判 昭 50・11・28 ……127

広島高判 昭 51・9・21 ……224

全逓名古屋中郵事件 最大判 昭 52・5・4 ……100

最判 昭 55・11・13 ……106

最決 昭 57・1・28 ……195

最決 昭 59・7・3 ……180

最決 昭 60・7・16 ……195

大阪簡判 昭 60・12・11 ……148

マジックホン事件 最決 昭 61・6・24 ……98

百円札模造事件 最決 昭 62・7・16 ……177

最決 平元・3・14 ……194・196

最決 平元・12・15 ……77

最決 平 2・11・20 ……71

最決 平 6・3・28 ……198

新宮労基署職員国家賠償事件 和歌山地判 平 17・9・20 ……203

大判 昭 12・6・5 ……65
大判 昭 12・11・6 ……145
大判 昭 16・2・27 ……210
最判 昭 23・7・1 ……207
最判 昭 24・12・20 ……229
最判 昭 25・3・31 ……70
名古屋高判 昭 25・7・17 ……219
最判 昭 28・6・17 ……229・230
最判 昭 28・11・27 ……231
大阪高判 昭 29・4・20 ……122
最決 昭 30・9・29 ……227
東京高判 昭 31・4・3 ……220
最決 昭 32・12・24 ……225
最決 昭 33・3・19 ……228
長崎地判 昭 33・7・3 ……229
最判 昭 33・11・21 ……110
最判 昭 34・2・5 ……131
最判 昭 34・4・26 ……211
最判 昭 36・11・21 ……70
最判 昭 37・3・23 ……67
最大判 昭 37・5・30 ……33
東京高判 昭 38・3・7 ……219
最決 昭 38・4・18 ……228
最決 昭 41・7・7 ……132
最決 昭 42・5・25 ……164
最判 昭 42・10・24 ……70

判例索引（時系列）

一厘事件 大判 明43・10・11 ……98
大判 明43・11・15 ……207
大判 明44・2・28 ……219
大判 明45・4・15 ……221
大判 明45・4・22 ……219
大判 大4・11・5 ……225・229
大判 大2・4・24 ……211
大判 大3・7・24 ……67
大判 大6・9・10 ……67
大判 大8・6・3 ……211
大判 大11・3・11 ……224
大判 大12・5・26 ……70
大判 大13・10・13 ……227
大判 大15・3・24 ……211
大判 大15・6・15 ……208
大判 昭2・4・22 ……220
大判 昭2・10・25 ……65
大判 昭6・12・10 ……208
大判 昭7・2・2 ……226
大判 昭7・3・17 ……211
大判 昭8・6・21 ……130
大判 昭8・9・27 ……146
第5柏丸事件 大判 昭8・11・21 ……186
大判 昭8・11・30 ……145
大判 昭10・12・3 ……227
大判 昭11・1・31 110

犯罪　……19
犯罪個別化機能　……158
犯罪・非犯罪区別機能
……48、158
犯罪論　……24
反対動機　……157
被害者の承諾（同意）　……105
必要性の要件　……123
非難可能性　……43、50
被利用者標準説　……85
付加刑　……25
武器対等の原則　……131
不作為　……46、210
不作為犯　……73
不真正不作為犯　……73、236
不真正身分犯（加減的身分犯）
……197
不能犯　……65
不法な監禁　……225
フランクの公式　……64
平均人標準説　……185
弁識能力　……179
防衛するための行為　……123
防衛の意思必要説
……124、126
法益権衡の原則　……135
法益侵害説　……90
法益の権衡　……147
法益保護機能　……19
法益保護の原則　……39
法秩序維持機能　……19
法によって期待された一定の
行為をしないこと　……75
法律の錯誤　……174
法令行為　……102
保護法益　……19、54、94
保証人説　……79
補充の原則　……135、146
没収　……25
【ま】
未遂　……59
未遂犯と不能犯の区別　……66
未必の故意　……158、164
無形的な方法　……226
命令規範　……77
目的刑論　……26
【や】
有形的な方法　……226
有責性　……50、150
有責類型　……57
予備罪　……60
【ら】
利用者標準説　……85
量的過剰　……130
類推解釈　……35
労働争議行為　……118
【C】
ＣＳＱＮ公式　……68

生物学的要素 ……179
生命刑 ……25
責任過失 ……155、166
責任減少説 ……131
責任故意 ……155
責任主義 ……43
責任推定機能 ……150
責任説 ……174
責任阻却事由 ……52、152、173
責任阻却説 ……136
責任なければ刑罰なし ……43、152
責任能力 ……153、179
責任要素 ……153
是正勧告 ……213
絶対主義 ……26
積極的加害意思 ……127
絶対的応報刑論 ……27
絶対的軽微性 ……98
窃盗罪 ……63
先行行為 ……80
相対主義 ……26
相対的応報刑論 ……27
相対的軽微性 ……98
相当因果関係説 ……69
相当因果関係説の危機 ……71
相当性 ……128
その他の正当行為 ……102

【た】
対物防衛 ……121
逮捕 ……226
他行為可能性 ……142
タリオ（同害報復）の原理 ……27
単純行為犯 ……60
団体責任 ……152
注意義務違反 ……164
抽象的危険説 ……66
懲役 ……25
超法規的違法阻却 ……89
超法規的責任阻却事由 ……185
直接正犯 ……83
賃金の放棄 ……110
罪を犯す意思 ……171
罪となるべき事実 ……52
同意傷害 ……108
道義的責任論 ……153
道具理論 ……83
特別予防論 ……28

【な】
二元的行為無価値論 ……93
二分説 ……136、143
認識ある過失 ……164
認識のない過失 ……164
認容説 ……158

【は】
排他的支配領域性 ……82
罰金 ……25

コンディティオ公式 ……68
【さ】
罪刑法定主義 ……19、30
財産刑 ……25
財産上の利益 ……219
作為 ……46
作為義務の存在 ……79
作為義務の発生根拠 ……80
作為との同価値性の問題……74
作為と不作為の同（等）価値性 ……78
作為の可能性 ……79
作為犯 ……73
錯誤に基づいた承諾は一律に無効 ……109
三分説 ……50
時間外労働手当の放棄 ……112
自救行為 ……116
死刑 ……25
事後法の禁止 ……31
自招危難 ……145
実行行為 ……59
実行行為性 ……78
実行の着手時期 ……61
実行の着手の有無 ……60
実質的違法性論 ……90
質的過剰 ……130
実力行使の違法性 ……118
社会的制裁 ……19
社会的責任論 ……153
社会的法益に関する罪 ……190
社会的法益に対する罪 ……54
自由刑 ……25
収賄罪 ……191
主観的違法要素 ……96
主観的違法論 ……91
主観的構成要件要素 ……57
主観的責任 ……152
主観的超過要素 ……96
主刑 ……25
障害未遂 ……65
条件説 ……68
職権濫用罪 ……191
職務仮装型 ……195
職務遂行型 ……195
自力救済 ……117
新過失論 ……163
人権保障機能 ……19
心神耗弱 ……179
心神喪失 ……179
心神喪失状態 ……181
真正不作為犯 ……73
真正身分犯（構成的身分犯） ……193
心理学的要素 ……180
心理的責任論 ……154、184
推定的承諾 ……112
制御能力 ……179
制限故意説 ……175
正当業務行為 ……89、103
正当行為 ……101
正当防衛 ……89、119

緊急避難の法的性格 ……136
禁錮 ……25
禁止規範 ……77
偶然防衛 ……95、123
具体的危険説 ……66
形式的違法性論 ……90
刑事未成年者 ……180
刑の任意的減免 ……131
刑罰 ……19
刑罰論 ……24
刑法上の行為 ……46
結果回避義務 ……165
結果的加重犯 ……202、231
結果の回避可能性 ……171
結果の予測可能性 ……171
結果発生の現実的危険性……63
結果犯 ……61
結果犯の構成要件 ……67
結果無価値論 ……92、108、124
結果予見義務 ……165
原因において自由な行為（actio libera in causa） ……182
厳格故意説 ……174
現在の危難 ……145
謙抑主義 ……39、41、173
故意 155
故意説 ……174
故意の本質論 ……170
故意犯処罰の原則……161、169
行為責任論 ……154
行為者標準説 ……185
行為と責任の同時存在の原則 ……181
行為なければ犯罪なし ……46
行為の無価値性 ……20
行為無価値論 ……92、124
行使の目的 ……96
構成要件 ……47
構成要件該当性 ……48
構成要件的故意 ……155
構成要件的過失 ……155、164
構成要件に該当する違法で有責な行為 ……50
公務員職権濫用罪 ……215
合理的な疑いを超える程度 ……75
拘留 ……25
個人的責任 ……152
個人的法益に関する罪 ……190
個人的法益に対する罪 ……54
誤想過剰避難 ……148
誤想過剰防衛 ……132
誤想避難 ……148
誤想防衛 ……131
国家的法益に関する罪 ……190
国家的法益に対する罪 ……54
国家標準説 ……185
個別的注意義務（主観的注意義務） ……166

事項索引 50音順（あ～き）

【あ】
あと戻りのための黄金の架け橋 ……64
医学的正当性 ……104
医学的適応性 ……104
一般予防論 ……27
違法性 ……49、90、168
違法性減少説 ……131
違法性推定機能 ……88、150
違法性阻却 ……89
違法性阻却事由 ……52、101
違法性阻却説 ……136
違法性の意識 ……174
違法性の意識不要説 ……176
違法性の錯誤 ……174
違法の相対性 ……98
違法性の本質 ……109
違法は客観的に、責任は主観的に ……91
違法類型 ……57
医療行為 ……103
インフォームド・コンセント（説明ある同意） ……104
疑わしきは被告人の利益に ……35
応報刑論 ……26
【か】
害の均衡 ……142
拡張解釈 ……35
過失 ……153、161
過剰防衛 ……130
過剰避難 ……147
可罰的違法性論 ……98
科料 ……25
カルネアデスの板 ……134
監禁 ……226
患者の自己決定権 ……104
慣習法不適用の原則 ……32
間接正犯 ……83
間接正犯類似説 ……182
危惧感説（不安感説） ……163
危険の現実化 ……71
規制的機能 ……20、22
偽証罪 ……60
既遂 ……64
期待可能性 ……153、184
期待可能性の理論 ……154
規範違反説 ……90
規範的責任論 ……154、184
規範の壁 ……157
客観的違法論 ……91
客観的危険説 ……66
客観的構成要件要素 ……57
旧過失論 ……162
急迫不正の侵害 ……119
行政指導 ……213
脅迫罪 ……204
業務行為 ……102
強要罪 ……204
緊急避難 ……89

■著者紹介

河野順一（こうの じゅんいち）

社会保険労務士法人日本橋中央労務管理事務所代表社員、東京法令学院長、NPO法人個別労使紛争処理センター会長、社会保険労務士、行政書士。法務コンサルタントとして銀行など各企業を対象に、幅広く経営全般にかかる指導業務を行っている。また、複雑な法律問題を身近な事例に置き換えてやさしく解説する理論家として評判になり、法律解釈をテーマとした講演も行う。

現在、社会保険労務士を主な対象にした司法研修を全国各地で行い、好評を博している。「就業規則の作成セミナー」はつとに有名であり、3日間の集中講義を何度も聴講するリピーターが多い。

●主な著書

『労働基準監督機関の役割と是正勧告』、『知って得する憲法と行政法』、『心構えを変えれば道は拓ける』（以上、NC労務出版）、『どんとこい！ 労働基準監督署』（風詠社）、『労働基準監督署があなたの会社を狙っている』（LABO・弁護士会館ブックセンター出版部）、『ドキュメント社会保険労務士』、『社会保険労務士のための要件事実入門』（日本評論社）、『労働法を学ぶための「法学」講義』、『労働災害・通勤災害の認定の理論と実際』、『是正勧告の実務対策』、『労働法を学ぶための「要件事実」講義』（共著）（以上、中央経済社）、『労務トラブル50』（清文社）、『負けず嫌いの哲学』（実務教育出版）、『残業代支払い倒産から会社を守るならこの1冊』、『給与計算するならこの1冊』、『労働災害・通勤災害のことならこの1冊』、『労働法のことならこの1冊』（以上、自由国民社）、『不当な残業代支払い請求から会社を守る就業規則』、『時間外労働と残業代請求をめぐる諸問題』、『労務管理の理論と実際』、『労働法を理解するための基本三法（憲法、民法、刑法）』（以上、経営書院）ほか多数。

どんとこい 労働基準監督署 part4

知って得する刑法

2021年12月1日　発行
著　者　河野順一
発　行　株式会社 日本橋中央労務管理事務所出版部
〒101-0062　東京都千代田区神田駿河台 1-7-10
ＹＫ駿河台ビル５階
Tel：03（3292）0703
Fax：03（3292）0705
発　売　株式会社 星雲社（共同出版社・流通責任出版社）
〒112-0005 東京都文京区水道 1-3-30
Tel：03 (3868) 3275
印刷・製本　株式会社 シナノ パブリッシング プレス

ISBN978-4-434-29805-9　C2032
